Trennkost
Italien

Die Italiener sind Meister in der Zubereitung leichter und wunderbar würziger Speisen. Aus frischem Gemüse, Früchten und Kräutern, edlem Fisch und magerem Fleisch zaubern sie köstliche Gerichte. Lassen Sie sich überraschen und bereichern Sie Ihren Trennkost-Plan mit raffinierten Antipasti, leckerer Pasta und anderen Köstlichkeiten aus Italien.

Inhalt

Alle Rezepte auf einen Blick

Rezept	Seite	kcal je Portion/Stück	Eiweiß	neutral	Kohlenhydrate	einfach	vegetarisch	schnell	vitaminreich	fürs Büro
Lachsröllchen	12	125	✔					✔		
Fischhäppchen	12	70	✔			✔		✔		
Spargel „Mailänder Art"	14	370	✔			✔	✔			
Mozarellaspieße	15	70		✔		✔	✔	✔		✔
Tomatenmousse mit Garnelen	16	310	✔							
Knoblauchgarnelen in Sahne	16	280	✔			✔		✔		
Gemüsepfanne mit Toast	18	420			✔	✔	✔		✔	
Gebratene Steinpilze	19	160		✔		✔	✔	✔		
Champignoncremesuppe	20	190			✔	✔	✔	✔		
Kalte italienische Sommersuppe	20	170		✔		✔	✔			
Neapolitanische Tomatensuppe	22	360	✔			✔	✔		✔	
Feinschmecker-Fischsuppe	23	310	✔			✔			✔	
Gratinierter Käsefenchel	24	210	✔			✔	✔			
Bohnensalat mit Schafskäse	25	320		✔		✔	✔		✔	✔
Marinierte Möhren	26	150		✔		✔	✔		✔	✔
Zucchini mit Kräutern	27	150		✔		✔	✔		✔	✔
Schnelle Pizza	28	950			✔	✔	✔	✔		
Zucchinigemüse	28	150		✔		✔	✔	✔		
Majorannudeln mit Paprikagemüse	30	450			✔	✔	✔		✔	
Spaghetti in Mandelsauce	31	780			✔	✔	✔			
Überbackenes Baguette mit Zucchini	32	770			✔	✔	✔			
Gebackene Käsekartoffeln	33	550			✔	✔	✔		✔	
Gebratene Nudeln mit Feldsalat	34	790			✔	✔	✔		✔	
Risotto mit Pilzen	34	410			✔	✔	✔			✔
Gefüllte Paprikaschoten	36	800			✔	✔	✔		✔	

Rezept	Seite	kcal je Portion/Stück	Eiweiß	neutral	Kohlenhydrate	einfach	vegetarisch	schnell	vitaminreich	fürs Büro
Überbackenes Lachsfilet	37	670	✔			✔			✔	
Omelett mit Pilzsalat	38	580	✔			✔	✔			
Rührei mit Steinpilzen	39	390	✔			✔	✔	✔		
Zucchinigratin	40	420	✔			✔	✔		✔	
Gefüllte Aubergine	40	700	✔			✔				
Putenbrust mit Birnensauce	42	590	✔			✔				
Lammtopf al forno	43	560	✔			✔				
Fischfondue	44	780	✔			✔			✔	
Grillfisch mit Blumenkohl	45	600	✔			✔		✔		
Marinierte Ofenpaprika	46	480		✔		✔	✔		✔	
Gedünstete Endivien	46	360		✔		✔	✔	✔		
Spinat Alfredo	48	390		✔		✔	✔	✔		✔
Brokkoli in Weinsauce	49	560	✔			✔	✔	✔		
Grüner Salat	50	130		✔		✔	✔	✔		
Paprikasalat	50	170		✔		✔	✔	✔	✔	✔
Tomatensalat	52	140		✔		✔	✔	✔	✔	✔
Südländische Kapernsauce	53	150	✔			✔	✔	✔		
Rote Sauce mit schwarzen Oliven	54	400		✔		✔	✔			
Käsesauce mit Basilikum	55	440		✔		✔	✔	✔		
Gefüllte Buttermilchcrêpes	56	590		✔			✔			
Gefüllte Feigen	58	370			✔	✔	✔		✔	
Sahniger Hirsebrei mit Feigen	59	470			✔	✔	✔	✔		
Cremiges Mandarineneis	60	350	✔			✔	✔			
Mango-Sahne-Eis	60	260	✔			✔	✔			

Trennkost italienisch genießen

Die Trennkost gehört zu den beliebtesten Ernährungskonzepten unserer Zeit. Kein Wunder, Gesundheit und Wohlbefinden lassen sich auf einfache Weise steigern und trotzdem darf auch mal nach Lust und Laune geschlemmt werden. Das schadet selbst der schlanken Linie nicht. Im Gegenteil: Viele haben mit Trennkost ihr Wunschgewicht erreicht.

Was liegt da näher, als seinen Speiseplan um leckere Gerichte aus dem letzten Urlaub zu erweitern. Die Zahl der Italienurlauber zum Beispiel, die auch nach den Ferien die italienische Küche nicht missen möchten, wächst ständig. Zaubern Sie mit typisch italienischen Gerichten den Duft der Urlaubsküche in Ihr Zuhause. Und freuen Sie sich: Die italienische Küche lässt sich hervorragend mit der Trennkost vereinbaren.

Italien – Kultur und Lebensfreude pur

Kaum ein Land weckt so stark unsere Sehnsucht nach Sonne, nach lauer Luft und blauem Meer wie Italien. Und gleich werden Erinnerungen wach an die blaue Riviera mit ihren weißen Stränden, an dampfende Pasta und guten Landwein, an leckere Dolci, an gemütliche Straßencafés oder kleine Bars.

Schon Goethe zog es in das Land, in dem die Zitronen blühen und viele folgten seinen Spuren, um die klassische Kultur der Römer zu entdecken. Auch die einzigartigen Sehenswürdigkeiten wie zum Beispiel der schiefe Turm von Pisa, das Colosseum in Rom oder die blaue Grotte von Capri zogen bereits Millionen Italienreisende in ihren Bann.

Faszinierend wie das Land selbst, sind auch seine Bewohner. Um ihre Unbeschwertheit und Lebensfreude, um ihre Weltoffenheit und Kontaktfreudigkeit werden sie von vielen Nordeuropäern beneidet. So ist es nicht verwunderlich, dass es ein Italiener war, der auf der Suche nach neuen Kontinenten Amerika entdeckt hat, dass Christoph Kolumbus ein Sohn Genuas ist.

Schätze aus der Küche

Wegen ihrer Einfachheit auf der einen Seite und ihrer schmackhaften Delikatessen auf der anderen, verblüfft die italienische Küche den Gast immer wieder. So wird die Pasta oft nur mit Knoblauch und Olivenöl gegessen, ebenso werden aber auch exklusive Gaumenfreuden wie Schalen- und Krustentiere, Fisch oder zart gebratenes Fleisch von hoher Qualität angeboten.

Natürlich herrschen in der Esskultur gewaltige Unterschiede zwischen den Bergdörfern der Alpen, den Industriestädten Norditaliens und dem verträumteren Süden. Doch da Italiener Feinschmecker sind, spielt die Qualität der Zutaten eine entscheidende Rolle und jedes Essen wird mit größter Sorgfalt und Liebe hergestellt.

Interessant sind die bunten Märkte mit ihrem vielseitigen Angebot an Käse, Edelfischen, Fleisch, Zitrusfrüchten, Oliven, Knoblauch, Salaten und Gemüse. Da die italienische Kochweise weitgehend auf frisches Gemüse, mageres Fleisch und Fisch ausgerichtet ist, kommt sie der Trennkost

sehr entgegen. Generell gehen Italiener mit Gemüse sehr vorsichtig um, indem sie es nur zart garen, um Aromen, Inhaltsstoffe und Farbe zu erhalten. Italienische Rezepte lassen sich zudem mühelos nachkochen und fügen sich so bestens in den Trennkost-Speiseplan ein.
Auf den nächsten Seiten finden Sie zunächst einen Überblick über die wichtigsten Prinzipien der Trennkostlehre.

Gesund und fit mit Trennkost

Das **Trennungsprinzip** ist ein wesentliches Merkmal der Trennkost und bedeutet, dass überwiegend eiweißhaltige Nahrungsmittel (Fleisch, Fisch oder Eier) und überwiegend kohlenhydrathaltige Nahrungsmittel (Kartoffeln, Reis oder Brot) getrennt verzehrt werden. In der Praxis ist das Trennen ganz einfach: Essen Sie mittags zum Beispiel eiweißreiche Lebensmittel wie Fleisch oder Fisch und bereiten Sie sich abends eine Kohlenhydratmahlzeit aus Kartoffeln oder Reis zu. Wenn Sie wollen, können Sie die Reihenfolge natürlich auch tauschen. Wichtig ist nur, eiweißreiche Lebensmittel nicht mit koh-lenhydratreichen innerhalb einer Mahlzeit zu kombinieren.
Eine ideale Ergänzung für beide Mahlzeiten sind Gemüse und Salate. Diese Lebensmittel gehören zu der so genannten „neutralen Gruppe", die sich sowohl mit Eiweißen als auch mit Kohlenhydraten verträgt. Eine neutrale Mahlzeit können Sie natürlich auch für sich allein essen, zum Beispiel als kleines Gericht zwischendurch oder am Abend, wenn Sie einfach nur einen großen Salatteller essen möchten.

Doch welche Nahrungsmittel müssen nun getrennt und welche können gemeinsam verzehrt werden? Der Trennungsplan auf den Seiten 8 und 9 macht es Ihnen ganz leicht. Hier können Sie nachsehen, welche Lebensmittel in welche Gruppe gehören.
Sinn und Zweck der Trennung ist es, die Verdauungsorgane bei ihrer täglichen Arbeit zu entlasten und den Verlust unnötiger Energien zu vermeiden. Dadurch kommt es nach dem Essen auch nicht zu einem Leistungsknick. Sogar nach einer reichhaltigen Mahlzeit fühlt man sich frisch und fit.
Das ist bei einer gemischten Kost oft anders. Viele werden hier kurz nach dem Essen von einer bleiernen Müdigkeit befallen oder leiden an Sodbrennen, Völlegefühl oder Blähungen. Ungünstig zusammengestellte Nahrungsmittel können aber auch den gesamten Stoffwechsel in Mitleidenschaft ziehen. Die Entstehung von Krankheiten wie Gicht, Diabetes mellitus, Arthrose oder Durchblutungsstörungen werden auf diese Weise begünstigt.

Die Erreichung und das Einhalten eines **Säuren-Basen-Gleichgewichts** im Körper ist ein weiteres wesentliches Ziel der Trennkost. Um diesen sehr komplexen Zusammenhang besser zu verstehen, stellen Sie sich den eigenen Körper einmal als eine kleine biochemische Fabrik vor: Alle Speisen und Getränke, die wir zu uns nehmen, werden mit Hilfe der Verdauungssäfte in kleinste Bausteine zerlegt und in die Blutbahn aufgenommen. Unser Stoffwechsel gewinnt daraus Energie und Aufbaumaterial. Trotz scheinbar reibungslos ablaufender

Prozesse bleiben im Körper saure Abfallstoffe zurück. Hinzu kommen saure Rückstände aus chemischen Zusatzstoffen in Nahrungsmitteln, aus Kaffee, schwarzem Tee, Alkohol und Nikotin sowie solche, die durch Stress, Ärger und Streit gebildet werden.

Zum Glück verfügt unser Organismus über ein gut funktionierendes Puffersystem, das diese sauren Substanzen zum großen Teil neutralisiert und über Nieren, Darm, Haut und Lungen wieder ausscheidet. Doch eine unaufhörliche Überflutung mit sauren Abfallstoffen kann auch der gesündeste Organismus auf Dauer nicht verkraften: Der Körper übersäuert. Ein erstes Anzeichen kann eine andauernde, bleierne Müdigkeit sein. Da dieser Prozess der Übersäuerung recht schleichend vor sich geht, wird er nur wenig beachtet. In der Tat lässt sich unser Körper auch lange Zeit nichts anmerken, doch mit zunehmenden Alter können daraus die allen bekannten Zivilisationskrankheiten entstehen.

Als Ausgleich zu den gebildeten Säuren hat die Natur einen Gegenspieler, die sogenannten Basen, geschaffen. Sie haben eine neutralisierende Wirkung und verhindern so eine Übersäuerung. Zu den Basenbildnern zählen Gemüse, Salate, Obst, Keimlinge, Nüsse, Samen und Kartoffeln. Säurebildner sind dagegen Fleisch, Fisch, Eier und Käse, aber auch Zucker, polierter Reis und Weißmehlprodukte. Um ein Säure-Basen-Gleichgewicht im Körper aufrecht zu erhalten, empfiehlt Dr. Hay, der Begründer der Trennkostlehre, die Mahlzeiten zu 20 % aus säurebildenden und zu 80 % aus basenbildenden Lebensmitteln zusammenzustellen. Eine pflanzenbetonte Ernährung ist demnach günstig zu bewerten.

Die Berücksichtigung der **Vollwertkost** gehört ebenfalls zu den Prinzipien der Trennkost. Bevorzugen Sie deshalb naturbelassene Nahrungsmittel. Diese sind so wenig wie möglich bearbeitet. Vorteil: Der natürliche Gehalt an Vitalstoffen bleibt weitgehend erhalten. Zu den Vitalstoffen gehören lebenswichtige Vitamine, Mineral- und Ballaststoffe. Diese braucht unser Körper, um gesund und leistungsfähig zu bleiben. Vollkornprodukte und Rohkost sind jedoch nicht immer leicht verträglich. Wer einen empfindlichen Magen oder Darm hat, sollte seine Ernährung deshalb langsam umstellen und zunächst ausprobieren, welche Gemüsesorten er auch roh essen kann oder welches Vollkornbrot er verträgt. Besonders wichtig ist auch das gründliche Kauen und eine ausreichende Flüssigkeitszufuhr von täglich $1^1/_2$ bis 2 Litern. Empfehlenswerte Getränke sind Kräuter- und andere Tees, Mineralwasser oder verdünnte Obstsäfte.

Dass die **Trennkost im Alltag** immer beliebter wird, liegt auch an der einfachen und schnellen Zubereitung. Trennkost lässt sich darüber hinaus gut mit der Familie vereinbaren: Wer nicht trennen möchte, ergänzt seine Mahlzeiten ganz einfach durch entsprechende Beilagen. Beispiele für einen Tag mit Trennkost zeigt die folgende Übersicht.

So wird die italienische Küche trennkostgerecht

Die Italiener sind Meister in der Zubereitung leichter Speisen. Ihre Gerichte sind bekömmlich und leicht verdaulich – erfüllen damit wichtige

Ein Tag mit Trennkost

Frühstück
z. B. Vollkornbrot mit Quark und Radieschen

Zwischendurch
z. B. Hüttenkäse mit klein geschnittenem Apfel

Mittagessen
Eiweiß: Überbackenes Lachsfilet (S. 37),
dazu: Grüner Salat (neutral, S. 50)
oder
Kohlenhydrate: Gefüllte Paprikaschoten (S. 36),
dazu: Tomatensalat (neutral, S. 52)

Nachmittags
z. B. Sahniger Hirsebrei mit Feigen (S. 59)

Abendessen
Kohlenhydrate: z. B. Champignoncremesuppe (S. 20)
oder
Eiweiß: z. B. Gratinierter Käsefenchel (S. 24)

Kriterien der Trennkostlehre. Nachfolgend finden Sie Besonderheiten, die für die Trennkost zu beachten sind sowie einige typische Speisen und Zutaten der italienischen Küche.

Tomaten sind aus der italienischen Küche nicht wegzudenken. Besonders in gekochtem Zustand kommen sie in vielen Rezepten vor: Tomaten werden als Sauce zu Pasta gereicht oder als Basis für Pizzen verwendet. In der Trennkostlehre gehören gekochte Tomaten jedoch zu den Eiweißen, da durch den Kochprozess saure Bestandteile freigesetzt werden. Sie vertragen sich deshalb nicht mit den kohlenhydratreichen Nudeln oder dem Pizzateig. Um Verdauungsprobleme zu vermeiden, verzichtet die Original Haysche Trennkost deshalb auf Kombinationen wie Nudeln mit Tomatensauce.
Rohe Tomaten zählen dadegen zur neutralen Kost und können problemlos zu Kohlenhydratgerichten gegessen werden.

Eine Einschränkung gibt es auch beim berühmten **Parmesankäse**. Dieser zählt zur Gruppe der Eiweiße und sollte deshalb nicht oder nur in kleinen Mengen zu Nudelgerichten gereicht werden. Besser verträglich zu Kohlenhydratmahlzeiten sind Weißkäsesorten wie Mozzarella, Ricotta, Ziegen- und Schafskäse oder Edelpilzkäse mit 60 % Fett i. Tr..

Italienische Antipasti sind weltberühmt. Diese kleinen Gerichte bestehen aus einfachen Zutaten wie Mozzarella mit Tomaten, rohem, gedünstetem und mariniertem Gemüse, frischen Salaten und anderen Delikatessen. Man reicht sie vor dem Essen, kann sie aber auch als Zwischenmahlzeit genießen.

Olivenöl ist ein wichtiger Bestandteil der italienischen Küche. Die Italiener verwenden am liebsten ein besonders hochwertiges Olivenöl, das Olio d´olivia extra vergine, zu deutsch natives Olivenöl extra. Es wird nur durch Pressung gewonnen und nicht erhitzt. Bewahren Sie Olivenöl immer kühl und dunkel auf, da es sonst an Qualität und Geschmack verliert.

Lassen Sie sich jetzt von den Rezeptideen in das Land, in dem die Zitronen blühen, entführen. Viel Spaß beim Nachkochen der Rezepte und natürlich einen guten Appetit!

Trennungsplan

Innerhalb einer Mahlzeit dürfen zur Eiweiß- und zur Kohlenhydratgruppe gehörende Lebensmittel nicht gemischt werden.

Sie können aber eiweiß- und kohlenhydratreiche Nahrungsmittel mit Lebensmitteln aus der neutralen Gruppe kombinieren.

Eiweißgruppe

alle Fleischsorten im gegarten Zustand von Rind, Kalb, Lamm und Hammel; Schweinefleisch ist nicht empfehlenswert;

alle gegarten Geflügelsorten;

gegarte Wurstsorten, z. B. gebratene Bratwurst, Fleischwurst, Leberkäse, Rindswurst, Knacker, Corned Beef, gekochter Schinken, Geflügelwurst;

ungeräucherte, gegarte Fischsorten sowie Schalen- und Krustentiere im gegarten Zustand;

Sojaprodukte, z. B. Tofu, Sojasauce sowie mit Soja hergestellte Brotaufstriche;

Eier;

Milch aller Fettstufen;

Käse mit höchstens 50 % Fett i. Tr.;

gekochte Tomaten;

Getränke, z. B. Früchtetee, Apfelwein, herber Weiß- und Rotwein sowie Sekt;

Beerenfrüchte (außer Heidelbeeren);

Kernobst (außer mürben, süßen Äpfeln);

Steinobst;

Zitrusfrüchte, z. B. Orangen, Zitronen und Grapefruits;

exotisches Obst (außer Bananen). (Dr. Hay ordnet säurereiche Obstsorten zwar der Eiweißgruppe zu, jedoch hat es sich in meinen Gruppen bewährt, nur geringe Mengen davon mit anderen Lebensmitteln aus der Eiweißgruppe zu mischen. Oder essen Sie diese Obstsorten nur zusammen mit Milch oder angesäuerten Milchprodukten.)

Neutrale Gruppe

Fette, z. B. Öle (kaltgepresste bevorzugen), ungehärtete Margarinesorten mit einem hohen Anteil an mehrfach ungesättigten Fettsäuren (aus dem Reformhandel) und Butter;

gesäuerte Milchprodukte, z. B. Joghurt, aber auch vergorenes Molkekonzentrat;

süße Sahne und **Kaffeesahne;**

Käse mit mindestens 60 % Fett i. Tr.;

Weißkäse, z. B. Schafs- und Ziegenkäse, Mozzarella, körniger Frischkäse;

rohe, geräucherte Wurstwaren, z. B. Bündner Fleisch, roher Schinken, Salami, Debrecziner, Landjäger;

rohes Fleisch, z. B. Tatar (sollte aber möglichst gemieden werden);

rohe marinierte oder geräucherte Fischsorten, z. B. Schillerlocke, Makrele, Bismarckhering, Matjes;

folgende Gemüse- und Salatsorten sowie Pilze: Auberginen, Artischocken, Brokkoli, Blumenkohl, grüne Bohnen, grüne Erbsen, Fenchel, Gurken, Knoblauch, Kohlrabi, Lauch, frischer Mais, Möhren, Paprika, Peperoni, Radieschen, Rettich, Rote Beten, Rosenkohl, Rotkohl, Sauerkraut, Sellerie, Spargel, Spinat, rohe Tomaten, Weißkohl, Wirsing, Zwiebeln, Zucchini, alle Blattsalate (auch z. B. Eisberg-, Endivien- und Feldsalat), Chicorée und Chinakohl sowie Austernpilze, Champignons, Pfifferlinge & Co.;

Sprossen und Keimlinge;

Kräuter und Gewürze;

Nüsse und Samen (außer Erdnüssen), z. B. Haselnüsse, Kokosraspel, Mandeln, Sesam, Sonnenblumenkerne;

Heidelbeeren;

ungeschwefelte Rosinen;

Oliven;

Eigelb;

Hefe;

klare, hochprozentige Spirituosen;

Kräutertees;

Geliermittel, z. B. Gelatine, Agar-Agar, pflanzliche Bindemittel (z. B. aus Johannisbrotkernmehl).

Kohlenhydratgruppe

Getreidesorten, z. B. Dinkel, getrockneter Mais, Naturreis;

Buchweizen;

Vollkorngetreideerzeugnisse, z. B. Vollkornbrot, Vollkornnudeln;

folgende **Gemüse- und Obstsorten:** Kartoffeln, Topinambur, Grünkohl, Schwarzwurzeln, Bananen, ungeschwefeltes Trockenobst (außer Rosinen – sie sind neutral; Korinthen hingegen zählen zu den Kohlenhydraten), frische Datteln und Feigen und mürbe, süße Äpfel;

folgende **Süßungsmittel:** Frutilose (natürliche Fruchtsüße ohne Zuckerzusatz, aus dem Reformhaus), Honig, Ahornsirup, Birnen- und Apfeldicksaft;

Verschiedenes, wie z. B. Kartoffelstärke, Weinsteinbackpulver, Puddingpulver, Karobe;

Bier.

Bitte meiden

weißes Mehl und daraus hergestellte Produkte, z. B. süße und pikante Backwaren sowie Nudeln;

polierter Reis;

Zucker, Süßstoffe und damit hergestellte Produkte, z. B. Süßigkeiten und Marmeladen;

Fertiggerichte und Konserven;

getrocknete Hülsenfrüchte;

Erdnüsse;

Preiselbeeren;

Schweinefleisch sowie alle daraus hergestellten Produkte;

rohes Fleisch;

rohes Eiweiß von Eiern;

fertige Mayonnaise; säurereicher Essig;

gehärtete Fette, z. B. normale Margarinesorten und feste, weiße Frittier- und Bratfette (Plattenfette);

schwarzer Tee, Kaffee, Kakao und hochprozentige Spirituosen.

Ob Sie ganz auf die genannten Lebensmittel verzichten, liegt an Ihnen.

Die Rezepte

Lachsröllchen

Eiweiß ✔

neutral

Kohlenhydr.

einfach

vegetarisch

schnell ✔

vitaminreich

fürs Büro

Für 2 Personen

● Zubereitungszeit:
 ca. 20 Min.
● ca. 125 kcal
 je Portion

80 g geschälte und gegarte Scampi •
100 g Salatgurke
150 g Doppelrahm-Frischkäse • etwas Meersalz •
1 kleiner Bund Kerbel
6 kleine Salatblätter • 6 Scheiben Räucherlachs
(à 25 g) • 6 Zitronenspalten

1. Die Scampi in kleine Stücke schneiden. Die Gurke schälen, die Kerne mit einem Löffel herausschaben und das Fruchtfleisch fein würfeln.

2. Den Frischkäse mit etwas Wasser cremig rühren, zart salzen und mit den Scampi- und Gurkenstücken vermischen. Den Kerbel waschen, trockenschütteln, fein hacken und mit der Käsecreme verrühren. Etwas Kerbel beiseite legen.

3. Die Salatblätter waschen und die Frischkäsecreme gleichmäßig darauf verteilen. Die Salatblätter vorsichtig aufrollen. Anschließend die 6 Salattüten in jeweils eine Lachsscheibe wickeln, auf einer Platte anrichten und mit den Zitronenspalten und dem restlichen Kerbel garnieren.

Fischhäppchen

Eiweiß ✔

neutral

Kohlenhydr.

einfach ✔

vegetarisch

schnell ✔

vitaminreich

fürs Büro

**Für 12 Fisch-
häppchen**

● Zubereitungszeit:
 ca. 20 Min.
● ca. 70 kcal
 je Stück

1 große rote Paprikaschote
1 große Scheibe Schwertfischfilet (ca. 600 g) •
1 Knoblauchzehe
1 EL Butter • etwas Meersalz

1. Die Paprikaschote waschen, halbieren, entkernen und das Fruchtfleisch in mundgerechte Stücke schneiden.

2. Den Fisch kalt abspülen, trockentupfen und in etwa 12 gleich große Stücke schneiden. Die Knoblauchzehe schälen und sehr fein hacken.

3. Die Butter in einer Pfanne zerlassen, den Knoblauch darin goldgelb dünsten. Die Fischstücke hinzufügen, salzen und unter Wenden 3–5 Minuten braten.

4. Anschließend den Fisch auskühlen lassen. Ihn dann auf die einzelnen Paprikastücke legen und mit einem Zahnstocher feststecken.

Tipp

Schwertfischfilets sind nicht immer leicht erhältlich. Sie können für dieses Rezept auch einen anderen Fisch mit festem Fleisch verwenden. Geeignet sind Filets von Kabeljau, Rotbarsch, Thunfisch oder auch vom Lachs.

12

Spargel „Mailänder Art"

Eiweiß ✔

neutral

Kohlenhydr.

einfach ✔

vegetarisch ✔

schnell

vitaminreich

fürs Büro

Für 2 Personen

● Zubereitungszeit:
   ca. 45 Min.
● ca. 370 kcal
   je Portion

1 TL Frutilose • etwas Meersalz • 1½ EL Butter
600 g Spargel
50 ml Sahne • 1 Eigelb • 60 g geriebener
Parmesan
2 EL geh. Petersilie

1. Einen Topf Wasser mit Frutilose, Salz sowie ½ EL Butter aufsetzen und zum Kochen bringen.

2. Inzwischen den Spargel sorgfältig schälen und waschen. Ihn in den Topf geben und in etwa 12 Minuten halb gar kochen. Dann den Spargel aus dem Kochwasser nehmen und gut abtropfen lassen.

3. Den Backofen auf 200 °C (Umluft 170 °C, Gas Stufe 3) vorheizen. Eine Auflaufform mit 1 EL Butter ausstreichen und den Spargel hineinschichten.

4. Die Sahne mit dem Eigelb und mit einer halben Tasse Spargelbrühe verrühren und über den Spargel gießen. Alles mit dem Käse bestreuen. Die Auflaufform mit Alufolie abdecken und im Backofen auf der mittleren Schiene etwa 10 Minuten garen.

5. Anschließend die Folie abnehmen und den Spargel weitere 5–8 Minuten bei Oberhitze leicht überbräunen. Mit der gehackten Petersilie bestreut servieren.

Tipp

In der Trennkost zählt Parmesan zu den Eiweißen. Er passt deshalb nicht zu den in Italien so beliebten Pastagerichten, verträgt sich aber gut mit neutralen oder eiweißhaltigen Nahrungsmitteln. Ergänzen Sie zum Beispiel Salate ohne Kohlenhydratbeigaben mit geriebenem Parmesankäse.

Parmesan

Der berühmte italienische Hartkäse wird aus roher Kuhmilch gewonnen und muss lange reifen (2 bis 5 Jahre), bis er in den Handel kommt.

Als klassischer Reibekäse verfeinert Parmesan viele italienische Gerichte. In Stücke gebrochen schmeckt er auch gut als Dessertkäse zu Obst, Mandeln und Oliven.

Kaufen Sie Parmesan ruhig einmal im Stück. Frisch gerieben schmeckt er einfach besser. Sie können den Käse gut verpackt einige Wochen im Kühlschrank lagern.

Mozzarellaspieße

8 Kirschtomaten •
150 g Mozzarella • 1 kleiner Bund Basilikum
1¹/₂ EL kaltgepresstes Olivenöl •
etwas Meersalz
8 kleine Holzspieße

1. Die Kirschtomaten waschen und trockenreiben. Den Käse in 8 gleich große Würfel schneiden. Die Basilikumzweige waschen, trockenschütteln und abzupfen.

2. Nacheinander auf jeden Spieß 1 Kirschtomate, 2 Basilikumblättchen und 1 Würfel Mozzarella stecken. Mit dem Olivenöl beträufeln und leicht salzen.

3. Die Spieße auf einer Platte anrichten und mit den restlichen Basilikumblättchen garnieren.

Mozzarella

Nach der Art seiner Herstellung gehört der Mozzarella zu den Knetkäsen. Das sind besondere, vorwiegend in Italien produzierte Käsesorten mit einer elastischen, schnittfesten Struktur. Auch der Provolone ist ein Knetkäse.

Mozzarella wird traditionell aus Büffelmilch gewonnen. In den meisten Geschäften wird er aber aus Kuhmilch hergestellt angeboten.

Mozzarella wird frisch als Tafelkäse gegessen. Auch zum Überbacken eignet er sich ausgesprochen gut. Da Mozzarella in der Trennkostküche zu den neutralen Lebensmitteln gehört, kann man beispielsweise Pizza gut mit diesem Käse überbacken.

Eiweiß
neutral ✔
Kohlenhydr.
einfach ✔
vegetarisch ✔
schnell ✔
vitaminreich
fürs Büro ✔

Für 8 Spieße

● Zubereitungszeit: ca. 15 Min.
● ca. 70 kcal je Stück

Tomatenmousse mit Garnelen

Eiweiß ✔

neutral

Kohlenhydr.

einfach

vegetarisch

schnell

vitaminreich

fürs Büro

Für 2 Personen

● Zubereitungszeit:
ca. 40 Min.
● Kühlzeit:
ca. 1 Stunde
● ca. 310 kcal
je Portion

2 Blatt weiße Gelatine • 4 große Tomaten •
etwas Meersalz • 1 Pr. Cayennepfeffer •
$\frac{1}{2}$ TL Ahornsirup
100 g Mascarpone (italienischer Frischkäse)
4 geschälte Garnelen (frisch oder TK) •
1 unbehandelte Zitrone
2 große Salatblätter

1. Die Gelatine nach Packungsanweisung in kaltem Wasser einweichen. Inzwischen die Tomaten über Kreuz einritzen, mit kochendem Wasser überbrühen, abschrecken und enthäuten. Tomaten vierteln, entkernen und die Stielansätze abschneiden. Das Fruchtfleisch pürieren und mit Salz, Cayennepfeffer und Sirup abschmecken.

2. Die Gelatine ausdrücken, im warmen Wasserbad auflösen und unter die Tomaten rühren. Das Ganze etwa 20 Minuten ruhen lassen. Anschließend den Mascarpone unter die Masse ziehen, diese in 2 Förmchen (je 100 ml Fassungsvermögen) füllen und für etwa 1 Stunde kalt stellen.

3. In der Zwischenzeit die Garnelen in leicht gesalzenem Wasser bei mittlerer Hitze kurz garen. Die Zitrone in Scheiben schneiden und die Salatblätter waschen.

4. Zum Servieren die Förmchen kurz in warmes Wasser stellen. Die Mousse am Rand leicht lösen und auf 2 Teller stürzen. Jede Portion mit 2 Garnelen, Zitronenscheiben und 1 Salatblatt garnieren.

Knoblauchgarnelen in Sahne

Eiweiß ✔

neutral

Kohlenhydr.

einfach ✔

vegetarisch

schnell ✔

vitaminreich

fürs Büro

Für 2 Personen

● Zubereitungszeit:
ca. 20 Min.
● ca. 280 kcal
je Portion

12 Riesengarnelen (frisch) • etwas Meersalz
1 kleiner Bund Suppengrün • 1 EL Butter •
1 – 2 Knoblauchzehen
50 ml Sahne • 2 EL geh. Petersilie

1. Den Kopf, die Schale und das Schwanzende der Garnelen entfernen. Die Garnelen dann längs mit einem spitzen Messer einschneiden und den dunklen Darm herausziehen. Das Garnelenfleisch in wenig Salzwasser 4–5 Minuten garen, aus dem Wasser nehmen und beiseite legen.

2. Das Suppengrün putzen, waschen und in feine Ringe oder Streifen schneiden. Die Butter in einer Pfanne zerlassen. Das Gemüse darin unter Rühren andünsten. Den Knoblauch schälen und durch eine Presse dazudrücken.

3. Dann die Garnelen zu dem Gemüse geben und unter Wenden etwa 3 Minuten braten. Die Sahne dazugießen und alles mit der gehackten Petersilie bestreuen.

Tipps

Zu den Knoblauchgarnelen passt feines Lauchgemüse, abgeschmeckt mit Salz, Cayennepfeffer, Gemüsebrühe (Instant) und Zitronensaft.

Dekorativer sehen Garnelen aus, wenn Sie das Schwanzende beim Auslösen nicht abschneiden.

Gemüsepfanne mit Toast

Für 2 Personen
- Zubereitungszeit: ca. 30 Min.
- ca. 520 kcal je Portion

2 kleine Zwiebeln • 2 rote Paprikaschoten
2 kleine Zucchini • 300 g Champignons
2 EL kaltgepresstes Olivenöl • 4 Knoblauchzehen • etwas Meersalz • 2 Zweige Majoran
4 EL Butter
4 Scheiben Vollkorntoastbrot

1. Die Zwiebeln schälen, halbieren und in Ringe schneiden. Die Paprikaschoten waschen, halbieren, entkernen und in Scheiben schneiden. Die Zucchini waschen und putzen, die Pilze abreiben und putzen. Beides in dünne Scheiben schneiden.

2. Das Öl in einer Pfanne erhitzen und die Zwiebelringe darin glasig dünsten. Das restliche Gemüse hinzufügen und ohne Deckel unter Rühren schmoren lassen.

3. Den Knoblauch schälen und 2 Zehen durch eine Presse zum Gemüse drücken. Alles salzen und mit dem gewaschenen, abgezupften Majoran würzen.

4. Das Gemüse so lange auf kleiner Flamme schmoren lassen, bis der Gemüsesaft weitgehend verdunstet ist. Den Backofen auf 175 °C (Umluft 150 °C, Gas Stufe 2) vorheizen.

5. In der Zwischenzeit die Butter mit einer Gabel zerdrücken, den restlichen Knoblauch dazupressen und alles mischen.

6. Die Toastbrotscheiben diagonal in 2 Hälften schneiden und mit der Knoblauchbutter bestreichen. Im Ofen auf der mittleren Schiene etwa 5–7 Minuten knusprig rösten und zusammen mit der Gemüsepfanne servieren.

Gebratene Steinpilze

300 g frische Steinpilze • etwas Meersalz
1 Zwiebel • 1–2 Knoblauchzehen
2 EL Olivenöl • 3 EL geh. Petersilie

1. Die Pilze sorgfältig mit Küchenkrepp abreiben, putzen und in Scheiben schneiden. Sie für etwa 2–3 Minuten in kochendem Salzwasser blanchieren, dann in ein Sieb geben und sofort mit reichlich kaltem Wasser abspülen. Die Pilze auf Küchenkrepp gut abtropfen lassen.

2. Inzwischen die Zwiebel und die Knoblauchzehen schälen. Die Zwiebel in kleine Würfel schneiden und den Knoblauch durch die Presse drücken.

3. Das Olivenöl in einer Pfanne erhitzen. Zwiebeln, Knoblauch und Petersilie darin andünsten. Die Pilze dazugeben und alles unter ständigem Wenden leicht anbraten. Die Steinpilze vor dem Servieren mit Salz abschmecken.

Tipp

Die gebratenen Steinpilze lassen sich auch sehr gut als Beilage zu Reis oder Nudeln essen. Dann erhalten Sie eine Kohlenhydratmahlzeit.

Eiweiß
neutral ✔
Kohlenhydr.
einfach ✔
vegetarisch ✔
schnell ✔
vitaminreich
fürs Büro

Für 2 Personen
- Zubereitungszeit: ca. 25 Min.
- ca. 160 kcal je Portion

Champignoncremesuppe

Eiweiß

neutral

Kohlenhydr. ✔

einfach ✔

vegetarisch ✔

schnell ✔

vitaminreich

fürs Büro

Für 2 Personen

● Zubereitungszeit:
ca. 20 Min.

● ca. 190 kcal
je Portion

250 g Champignons • 1 kleine Zwiebel •
1 EL Butter • 2 EL Dinkelvollkornmehl
350 ml veg. Gemüsebrühe (Instant) • 4 EL Sahne

1. Die Pilze sorgfältig mit Küchenkrepp abreiben, putzen und feinblättrig aufschneiden. Die Zwiebel schälen, würfeln und in der Butter glasig dünsten. Die Pilze hinzufügen, mit dem Mehl bestäuben und zart bräunen. 6 EL gebratene Champignons beiseite legen.

2. Die Pilz-Zwiebel-Mischung mit der Gemüsebrühe auffüllen, kurz aufkochen lassen und alles pürieren.

3. Anschließend die Suppe mit der Sahne verfeinern und auf 2 Teller verteilen. Von den gebratenen Champignons jeweils 3 EL in die Suppe geben.

Tipp

Vollkornmehl eignet sich in vielen Fällen besser zum Andicken von Suppen oder Saucen als weißes Mehl, da es weniger leicht klumpt.

Kalte italienische Sommersuppe

Eiweiß

neutral ✔

Kohlenhydr.

einfach ✔

vegetarisch ✔

schnell

vitaminreich

fürs Büro

Für 2 Personen

● Zubereitungszeit:
ca. 20 Min.

● Kühlzeit:
ca. 15 Min.

● ca. 170 kcal
je Portion

¹/₂ große Salatgurke • 1 kleine Zucchini
2 Frühlingszwiebeln • 1 Knoblauchzehe
2 EL kaltgepresstes Olivenöl • 300 ml veg.
Gemüsebrühe (Instant)
50 g saure Sahne • 3 EL frisch gehackte Kräuter
(z. B. Dill, Petersilie, Kerbel)

1. Die Gurke schälen, der Länge nach vierteln und die Kerne mit einem Löffel herausschaben. Die Zucchini waschen und das Stielende abschneiden. Die Gurke und die Zucchi1ni in grobe Stücke schneiden.

2. Die Frühlingszwiebeln putzen, waschen und in Ringe schneiden. Den Knoblauch schälen und in kleine Stücke hacken.

3. Das Öl in einem Topf erhitzen, die Zwiebelringe und den Knoblauch darin glasig dünsten. Die Gurken- und Zucchiniwürfel dazugeben, kurz schmoren und alles mit der Brühe ablöschen. Das Ganze zugedeckt etwa 10 Minuten köcheln lassen.

4. Anschließend alles mit dem Pürierstab fein mixen. Die Suppe abkühlen lassen, dann die saure Sahne unterziehen. Mit den gehackten Kräutern bestreuen und kalt servieren.

Neapolitanische Tomatensuppe

Für 2 Personen

● Zubereitungszeit:
ca. 35 Min.
● ca. 360 kcal
je Portion

100 g Knollensellerie • 1 Zwiebel • 1 – 2 Knoblauchzehen • ½ kleiner Bund Petersilie
600 g reife Tomaten • ⅛ l Wasser
2 EL kaltgepresstes Olivenöl • ⅛ l trockener Rotwein • ¼ TL Chilipulver • 2 EL veg. Gemüsebrühe
(Instant) zum Würzen • ½ TL Honig
6 EL Sahne • 8 Basilikumblättchen

1. Den Sellerie schälen, waschen und klein
würfeln. Die Zwiebel und den Knoblauch
schälen und grob hacken. Die Petersilie waschen, trockenschütteln und von den Stielen
zupfen.

2. Die Tomaten waschen, halbieren und in
Wasser etwa 5 Minuten kochen. Die gekoch-
ten Tomaten durch ein Sieb streichen.

3. Das Öl in einem Topf erhitzen. Sellerie,
Zwiebel und Knoblauch darin anbraten.
Die passierten Tomaten sowie die Petersilie
dazugeben und den Rotwein angießen.
Mit Chili, Gemüsebrühe und Honig würzen.
Zugedeckt etwa 15 Minuten köcheln lassen.

4. Anschließend die Suppe mit dem Pürierstab fein mixen und mit der Sahne verfeinern. Die gewaschenen Basilikumblättchen
darüber streuen.

Tipp

Verwenden Sie für dieses Gericht nur reife Tomaten.
Noch aromatischer schmeckt die Suppe, wenn Sie
italienische Flaschentomaten nehmen.

Eiweiß ✔

neutral

Kohlenhydr.

einfach ✔

vegetarisch

schnell

vitaminreich ✔

fürs Büro

Feinschmecker-Fischsuppe

400 g Tomaten • 1 Stange Staudensellerie •
2 Möhren • 1 rote Paprikaschote • 1 Zwiebel •
1 – 2 Knoblauchzehen
2 EL kaltgepresstes Olivenöl
400 ml veg. Gemüsebrühe (Instant)
200 g Seeteufel- oder Seezungenfilet •
1 Lorbeerblatt • $^1/_4$ TL Chilipulver •
$^1/_2$ TL Safran • etwas Meersalz • 2 Sahnetupfer •
2 EL geh. Petersilie

1. Die Tomaten einritzen, mit kochendem
Wasser überbrühen und enthäuten. Sie
vierteln, entkernen und die Stielansätze abschneiden. Das Fruchtfleisch würfeln.
2. Den Sellerie waschen und in schmale
Stücke schneiden. Die Möhren schälen,
waschen und würfeln. Die Paprikaschote

waschen, halbieren, putzen und ebenfalls
würfeln. Die Zwiebel und den Knoblauch
schälen und beides fein hacken.
3. Das Olivenöl in einem Topf erhitzen.
Zwiebel und Knoblauch darin anbraten. Sellerie, Möhren und Paprika hinzufügen und alles
unter Rühren einige Minuten dünsten.
4. Anschließend die Tomatenwürfel dazugeben. Das Ganze mit der Gemüsebrühe auffüllen und in etwa 10 Minuten bei mittlerer
Hitze bissfest garen.
5. Den Fisch kalt abspülen, trockentupfen
und in Stücke schneiden. Ihn in der Suppe
5 – 10 Minuten gar ziehen lassen. Die Suppe
mit Chili, Safran und Salz abschmecken und
auf 2 tiefe Teller verteilen. Mit den Sahnetup-
fern und der gehackten Petersilie garnieren.

Für 2 Personen
- Zubereitungszeit:
  ca. 40 Min.
- ca. 310 kcal
  je Portion

Gratinierter Käsefenchel

Eiweiß ✔

neutral

Kohlenhydr.

einfach ✔

vegetarisch ✔

schnell

vitaminreich

fürs Büro

Für 2 Personen

- Zubereitungszeit:
  ca. 15 Min.
- Backzeit:
  ca. 25 Min.
- ca. 210 kcal
  je Portion

2 Fenchelknollen
1 TL Meersalz
2 EL Butter •
3 EL frisch geriebener Parmesan

1. Von den Fenchelknollen die harten Stängelenden und die Wurzelansätze abschneiden. Etwas Fenchelgrün beiseite legen.

2. Die Knollen der Länge nach vierteln, waschen und in leicht gesalzenem Wasser in etwa 6 Minuten bissfest garen. Den Backofen auf 200 °C (Umluft 170 °C, Gas Stufe 3) vorheizen.

3. Die Fenchelstücke in eine gefettete Auflaufform geben. Die Butter in kleine Flöckchen schneiden, diese gleichmäßig auf dem Fenchel verteilen und alles mit dem Käse bestreuen.

4. Das Gemüse im Ofen auf der mittleren Schiene etwa 25 Minuten überbacken, bis der Käse eine goldgelbe Kruste gebildet hat. Das Fenchelgrün klein schneiden, über das Gratin streuen und alles heiß servieren.

Variationen

Dieses Gericht lässt sich leicht abwandeln: Enthäuten, entkernen und achteln Sie 2 Tomaten. Die Tomaten auf den Fenchel legen, mit 2 EL Olivenöl beträufeln, mit etwas Salz würzen und den geriebenen Parmesan darüber streuen.

Zu gebratenem oder gegrilltem Fisch schmeckt Fenchel à l'italienne: Die Fenchelknollen dazu halbieren, in wenig Salzwasser blanchieren, in Scheiben schneiden und in Butter mit etwas Weißwein dünsten. Mit Salz, Cayennepfeffer und Zitronensaft würzen.

Fenchel

Fenchel stammt aus dem Mittelmeerraum und ist in der italienischen Küche ein gern verwendetes Gemüse. Fenchel hat einen angenehm würzigen Geschmack, der an Anis oder Lakritz erinnert.

Aus Fenchelsamen wird Tee zubereitet, der magenfreundlich, entzündungshemmend und verdauungsfördernd wirkt.

Bohnensalat mit Schafskäse

250 g grüne Bohnen • etwas Meersalz •
2 Zweige Bohnenkraut
250 g Tomaten • 1 Zwiebel
je ein Zweig Thymian, Rosmarin und Basilikum •
2 EL Obstessig • 80 ml Wasser • 2 EL Olivenöl •
1 TL Kräutersalz
10 schwarze Oliven • 100 g Schafskäse

1. Die Bohnen waschen, putzen und in leicht gesalzenem Wasser zusammen mit dem Bohnenkraut in etwa 15 Minuten bissfest garen.

2. Inzwischen die Tomaten waschen und die Stielansätze abschneiden. Die Früchte in Scheiben schneiden. Die Zwiebel schälen und in schmale Ringe schneiden.

3. Für die Sauce die Kräuter waschen, trockenschütteln, von den Stielen zupfen und fein hacken. Den Essig mit dem Wasser verdünnen und das Öl darunter schlagen. Die Kräuter dazugeben und die Sauce mit Kräutersalz abschmecken.

4. Die gegarten Bohnen abgießen, abtropfen lassen und zusammen mit den Tomaten auf einer Platte anrichten.

5. Die Kräutersauce und die Oliven darüber verteilen. Den Schafskäse würfeln, auf den Salat legen und zum Schluss alles mit den Zwiebelringen garnieren.

Eiweiß
neutral ✔
Kohlenhydr.
einfach ✔
vegetarisch ✔
schnell
vitaminreich ✔
fürs Büro ✔

Für 2 Personen
● Zubereitungszeit:
  ca. 30 Min.
● ca. 320 kcal
  je Portion

Eiweiß

neutral ✔

Kohlenhydr.

einfach ✔

vegetarisch ✔

schnell

vitaminreich ✔

fürs Büro ✔

Marinierte Möhren

Für 2 Personen

● Zubereitungszeit:
 ca. 20 Min.
● Marinierzeit:
 ca. 4 Std.
● ca. 150 kcal
 je Portion

250 g junge Möhren • etwas Meersalz
1 kleine Zwiebel • 1 Knoblauchzehe •
4 EL Obstessig • 50 ml Wasser •
$\frac{1}{2}$ TL Ahornsirup • 1 Lorbeerblatt •
$\frac{1}{2}$ TL getr. Oregano
2 EL Olivenöl • 2 EL geh. Petersilie

1. Die Möhren schälen, waschen und in
$\frac{1}{2}$ cm dicke Scheiben schneiden. Die Möhren
in kochendes Salzwasser geben und darin
etwa 5 Minuten garen.

2. Inzwischen für die Marinade die Zwiebel
und den Knoblauch schälen und fein hacken.
Beides mit Essig, Wasser, Ahornsirup und
den Kräutern verrühren.

3. Die Möhren abtropfen lassen und noch
heiß mit der Marinade mischen. Alles zugedeckt etwa 4 Stunden ziehen lassen.

4. Nach der Marinierzeit die Möhren
nochmals abtropfen lassen und mit dem Öl
beträufeln. Zum Schluss mit gehackter Petersilie bestreuen und servieren.

Antipasti

Für viele Italiener sind sie der wichtigste Menü-
gang überhaupt. Manche meinen sogar, dass sie
eine noch größere Bedeutung haben als die Nudel-
gerichte. Zumindest werden sie antipasto, das
heißt „vor der Nudel" serviert.

Kalte oder warme Antipasti kann man auch hier-
zulande bei jedem guten Italiener essen. Antipasti
sind in erster Linie purer Genuss, sie sollen den
Appetit anregen ohne zu sättigen.

Zucchini mit Kräutern

300 g kleine Zucchini • etwas Meersalz
2 EL Olivenöl
je 2 Zweige Minze und Basilikum •
¹/₂ Bund glattblättrige Petersilie •
2 Knoblauchzehen • 3 EL Obstessig •
1 TL Ahornsirup

1. Zuerst die Zucchini waschen, putzen und in etwas dickere Scheiben schneiden. Mit Salz bestreuen und etwa 10 Minuten ziehen lassen.

2. Das Öl in einer Pfanne erhitzen. Die Zucchini sorgfältig mit Küchenkrepp abtupfen und in dem Öl anbraten. Sie dann in eine Schüssel füllen.

3. Für die Marinade die Kräuter waschen, trockenschütteln und hacken. Den Knoblauch schälen, durch eine Presse drücken und mit den Kräutern mischen. Die Hälfte der Kräuter-Knoblauch-Mischung mit Essig, Salz und Sirup verrühren und mit den Zucchini mischen.

4. Die restliche Kräuter-Knoblauch-Mischung auf den Zucchini verteilen und alles zugedeckt etwa 2 Stunden durchziehen lassen.

Tipps

Die marinierten Zucchini schmecken lecker zu gebratenem oder gegrilltem Fleisch. Sie lassen sich auch mit anderen Gemüsesorten zu einem Antipasti-Teller ergänzen.

Marinieren Sie dazu Paprikaschoten (siehe S. 46), Auberginen und Pilzen oder nehmen Sie einfach das nebenstehende Rezept.

Für 2 Personen
- Zubereitungszeit: ca. 20 Min.
- Marinierzeit: ca. 2 Std.
- ca. 150 kcal je Portion

Schnelle Pizza

Für 2 Personen

● Zubereitungszeit:
ca. 35 Min.
● ca. 950 kcal
je Portion

150 g fein gemahlenes Weizenvollkornmehl •
5 EL kaltgepresstes Olivenöl •
1 Eigelb • 80 g Quark, 20 % Fett i. Tr. •
1/2 P. Backpulver • 3/4 TL Meersalz
1 Gemüsezwiebel • 1 TL getr. Oregano •
1/4 TL Chilipulver
180 g Edelpilzkäse, 60 % Fett i. Tr. (z. B. Gorgonzola)

1. Für den Teig das Weizenvollkornmehl,
4 EL Öl, das Eigelb, Quark, Backpulver und
1/2 TL Salz in eine große Schüssel geben und
alle Zutaten gut miteinander verkneten. Der
Teig sollte weich sein, aber nicht kleben.

2. Eine Pizzaform oder runde Backform
(28 cm Ø) mit etwas Butter ausfetten
und den Teig gleichmäßig darauf verteilen.

Ihn anschließend mit einer Gabel mehrmals
einstechen, damit er sich beim Backen nicht
wölbt.

3. Den Backofen auf 250 °C (Umluft
190 °C, Gas Stufe 5) vorheizen. Die Zwiebel
schälen und in feine Streifen schneiden.
Sie dann in 1 EL Olivenöl andünsten, mit
1/4 TL Salz, Oregano und Chili würzen.

4. Die Zwiebelmischung auf dem Teig
verteilen. Den Käse zerbröckeln und über die
Pizza streuen. Die Pizzaform in den Ofen
schieben und auf der mittleren Schiene etwa
12 Minuten backen.

Zucchinigemüse

Für 2 Personen

● Zubereitungszeit:
ca. 15 Min.
● ca. 150 kcal
je Portion

500 g Zucchini • 8 Knoblauchzehen
2 EL kaltgepresstes Olivenöl • etwas Meersalz •
2 – 3 EL geh. Oreganoblättchen

1. Die Zucchini waschen und die Enden abschneiden. Sie dann der Länge nach
vierteln und in etwa 1 cm große Stücke
schneiden. Den Knoblauch schälen und
grob hacken.

2. In einer großen Pfanne 2 EL Öl erhitzen
und den Knoblauch darin anbraten. Das
Gemüse hinzufügen, unter Rühren gut durch-
schmoren lassen und mit Salz würzen. Vor
dem Servieren mit den gehackten Oreganoblättchen bestreuen.

Tipp

Servieren Sie das Zucchinigemüse zu der Pizza mit
Zwiebeln und Edelpilzkäse. Selbstverständlich eignen
sich auch alle anderen neutralen Salat- oder Gemü-
sebeilagen zur kohlenhydratreichen Pizza.

Majorannudeln mit Paprikagemüse

Für 2 Personen

● Zubereitungszeit: ca. 30 Min.
● ca. 450 kcal je Portion

200 g schmale Vollkornbandnudeln • etwas Meersalz

2 rote Paprikaschoten • 1 gelbe Paprikaschote • 3 Knoblauchzehen • 3 EL Olivenöl

200 ml veg. Gemüsebrühe (Instant) • 1 TL Paprikapulver (edelsüß) • 1 TL getr. Oregano • $\frac{1}{2}$ TL getr. Thymian

70 ml Sahne • 7 – 8 Zweige Majoran • etwas Kräutersalz

1 TL Speisestärke

1. Die Nudeln in reichlich leicht gesalzenem Wasser in etwa 10 Minuten bissfest garen. Sie dann abgießen und gut abtropfen lassen.

2. Inzwischen für das Gemüse die Paprikaschoten waschen, halbieren, entkernen und würfeln. Den Knoblauch schälen. 1 Zehe beiseite legen, die restlichen Zehen in dünne Scheiben schneiden und in heißem Öl goldgelb braten.

3. Die Paprikawürfel dazugeben und mit 80 ml Brühe ablöschen. Mit Paprikapulver, Oregano und Thymian pikant würzen. Zugedeckt bei geringer Hitze etwa 8 Minuten köcheln lassen.

4. Für die Sauce die Sahne mit der restlichen Gemüsebrühe in einem Topf mischen. Nach Belieben die Knoblauchzehe dazudrücken. Die gewaschenen und abgezupften Majoranblättchen in die Sauce geben. Alles salzen und noch einmal kurz aufkochen lassen.

5. Die Speisestärke in 50 ml kaltem Wasser auflösen und in die Sauce rühren. Kurz aufkochen lassen, dann die Sauce über die Nudeln gießen. Zusammen mit dem Paprikagemüse servieren.

Eiweiß

neutral

Kohlenhydr. ✔

einfach ✔

vegetarisch ✔

schnell

vitaminreich

fürs Büro

Spaghetti in Mandelsauce

200 g Spaghetti • etwas Meersalz
1 Bund kleine Schalotten • 10 Knoblauchzehen
2 EL kaltgepresstes Olivenöl • 4 EL Mandelblättchen
1 Msp. Chilipulver • 1 TL Kräutersalz
80 ml Sahne • 2 EL geh. Petersilie

Für 2 Personen

● Zubereitungszeit:
ca. 30 Min.
● ca. 780 kcal
je Portion

1. Die Nudeln in reichlich leicht gesalzenem Wasser in etwa 10 Minuten bissfest garen. Sie dann abgießen und gut abtropfen
lassen.

2. In der Zwischenzeit die Schalotten putzen, schälen und klein würfeln. Die Knoblauchzehen schälen und in dünne Scheiben
schneiden.

3. Das Öl in einer Pfanne nicht zu stark erhitzen und die Knoblauchscheiben darin unter
Rühren goldgelb braten. Die Schalotten und
die Mandeln dazugeben und alles kurz
schmoren lassen.

4. Anschließend die Nudeln mit der Knob-
lauch-Mandel-Sauce mischen und pikant mit
dem Chilipulver und dem Kräutersalz würzen.

5. Zum Schluss die Sahne angießen und
alles noch einmal erwärmen. Mit der Peter-si-
lie bestreuen und sofort servieren.

Eiweiß

neutral

Kohlenhydr. ✔

einfach ✔

vegetarisch ✔

schnell

vitaminreich

fürs Büro

Überbackenes Baguette mit Zucchini

Für 2 Personen

● Zubereitungszeit: ca. 45 Min.

● ca. 770 kcal je Portion

4 Frühlingszwiebeln • 3 kleine Zucchini

2 EL kaltgepresstes Olivenöl • 1 TL Kräutersalz

2 kleine Vollkornbaguettes • 2 EL Butter •

4 Scheiben Rahmgouda oder Wörishofener Käse, 60 % Fett i. Tr.

$1/2$ TL Meersalz

4 EL gehackte Kräuter (z. B. Dill, Petersilie, Basilikum) • 150 g saure Sahne • $1/2$ TL Knoblauchsalz

1 TL Paprikapulver (edelsüß)

1. Die Frühlingszwiebeln putzen, waschen und in Ringe schneiden. 1 Zucchini putzen, waschen und in Scheiben schneiden.

2. Das Öl in einer Pfanne erhitzen. Zwiebeln und Zucchini von allen Seiten anbraten, mit dem Kräutersalz würzen. Den Backofen auf 200 °C (Umluft 170 °C, Gas Stufe 3) vorheizen.

3. Die Baguettes der Länge nach aufschneiden und alle Hälften mit Butter bestreichen. Sie dann mit Zucchinischeiben, Zwiebelringen und abschließend mit Käse belegen. Die Baguettes im Ofen auf der mittleren Schiene etwa 15 Minuten überbacken.

4. Für den Zucchinisalat die restlichen Zucchini putzen, waschen und etwa 8 bis 10 Minuten in leicht gesalzenem Wasser garen. Sie dann abkühlen lassen und in dünne Scheiben schneiden.

5. Die gehackten Kräuter mit der sauren Sahne verrühren und pikant mit dem Knoblauchsalz abschmecken.

6. Die Zucchinischeiben auf einer Platte anrichten, die Kräutersauce darüber träufeln und mit Paprikapulver bestäuben. Zusammen mit den Baguettes servieren.

Eiweiß

neutral

Kohlenhydr. ✔

einfach ✔

vegetarisch ✔

schnell

vitaminreich ✔

fürs Büro

Gebackene Käsekartoffeln

2 mehlig kochende Kartoffeln (à 200 g) •
etwas Meersalz • $1/2$ TL Kümmel
$1/2$ Gemüsezwiebel • 1 Stange Lauch •
je $1/2$ rote und gelbe Paprikaschote
1 EL Butter • $1^1/2$ TL Kräutersalz • $1/4$ TL Chilipulver
100 g Butterkäse, 60 % Fett i. Tr.
100 g Buttermilch • 100 g Crème fraîche •
1 Knoblauchzehe

1. Die Kartoffeln waschen und als Pellkartoffeln in leicht gesalzenem Wasser mit etwas Kümmel weich kochen. Sie anschließend abgießen und auskühlen lassen.

2. In der Zwischenzeit die Zwiebeln schälen und fein würfeln. Den Lauch putzen, waschen und in feine Ringe schneiden. Die Paprikaschoten waschen, halbieren, putzen, entkernen und in kleine Würfel schneiden.

3. Die Butter in einer Pfanne zerlassen und das Gemüse darin anbraten. Kräftig mit 1 TL Kräutersalz und Chili würzen. Den Backofen auf 200 °C (Umluft 170 °C, Gas Stufe 3) vorheizen.

4. Die Kartoffeln der Länge nach halbieren und mit einem Teelöffel aushöhlen. Die ausgehöhlte Kartoffelmasse mit dem Gemüse mischen und alles in die Kartoffelhälften füllen. Die Kartoffeln mit dem in Scheiben geschnittenen Käse belegen, auf ein Backblech setzen und im Ofen auf der mittleren Schiene etwa 15 Minuten backen.

5. Inzwischen für die Sauce die Buttermilch mit der Crème fraîche und dem restlichen Kräutersalz verrühren. Nach Belieben den Knoblauch dazupressen. Die Kartoffeln zusammen mit der Sauce servieren.

Für 2 Personen
● Zubereitungszeit:
 ca. 45 Min.
● ca. 550 kcal
 je Portion

Gebratene Nudeln mit Feldsalat

Eiweiß

neutral

Kohlenhydr. ✔

einfach ✔

vegetarisch ✔

schnell

vitaminreich ✔

fürs Büro

Für 2 Personen

- Zubereitungszeit: ca. 40 Min.
- ca. 790 kcal je Portion

200 g spiralförmige Nudeln • etwas Meersalz
1 dicke Gemüsezwiebel • 1 rote Paprikaschote
2 EL Sonnenblumenöl • 1 TL Kräutersalz •
100 g Wörishofener Käse, 60 % Fett i. Tr.
200 g Feldsalat
1 kleine Zwiebel • 1 EL kaltgepresstes Olivenöl •
80 ml Wasser • 2 EL saure Sahne • 1 EL Obstessig •
2 EL geh. Petersilie
8 Kirschtomaten

1. Die Nudeln in leicht gesalzenem Wasser in etwa 10 Minuten bissfest garen. Sie abgießen und gut abtropfen lassen.

2. In der Zwischenzeit die Zwiebel schälen und in Spalten schneiden. Die Paprikaschote waschen, entkernen und in kleine Rauten schneiden.

3. Zwiebeln und Paprika in heißem Öl andünsten. Dann die Nudeln hinzufügen. Alles leicht salzen und kräftig anbraten. Den Käse in Scheiben schneiden und auf die Nudel-Gemüse-Mischung legen. Bei geringer Hitze so lange dünsten, bis der Käse geschmolzen ist.

4. Inzwischen den Salat putzen, waschen, abtropfen lassen und auf 2 Tellern verteilen. Für die Salatsauce die Zwiebel schälen und fein hacken. Sie mit Olivenöl, Wasser, Sahne, Obstessig, etwas Salz und der gehackten Petersilie verrühren.

5. Die Kirschtomaten waschen und halbieren. Die Sauce über den Salat gießen, mit den Tomaten garnieren und zu den Nudeln servieren.

Risotto mit Pilzen

Eiweiß

neutral

Kohlenhydr. ✔

einfach ✔

vegetarisch ✔

schnell

vitaminreich

fürs Büro ✔

Für 2 Personen

- Zubereitungszeit: ca. 45 Min.
- ca. 410 kcal je Portion

5 g getrocknete Steinpilze • 150 g frische Steinpilze
1 kleine Zwiebel • 1 EL Butter •
150 g Vollkorn-Rundreis
450 ml veg. Gemüsebrühe (Instant) •
50 g Schafskäse • 1 EL geh. Petersilie

1. Die getrockneten Steinpilze etwa 30 Minuten in 50 ml lauwarmem Wasser einweichen. Sie dann herausnehmen, das Einweichwasser verwahren und die Pilze fein würfeln. Die frischen Pilze mit Küchenkrepp abreiben und in Scheiben schneiden.

2. Die Zwiebel schälen und fein hacken. Die Butter in einem Topf zerlassen und die

Zwiebel darin glasig dünsten. Die Pilze hinzufügen und kurz mitdünsten. Den Reis hineingeben und alles gut verrühren.

3. Die Brühe portionsweise dazugießen. Jeweils verkochen lassen und dann erst Brühe nachgießen. Diesen Vorgang so lange wiederholen, bis der Reis bissfest gegart ist. Zum Schluss Schafskäse und Petersilie unter den Reis mischen.

Tipp

Essen Sie zu dem Risotto einen frischen Blattsalat aus der neutralen Gruppe.

Gefüllte Paprikaschoten

Eiweiß

neutral

Kohlenhydr. ✔

einfach ✔

vegetarisch ✔

schnell

vitaminreich ✔

fürs Büro

Für 2 Personen

● Zubereitungszeit:
  ca. 1 Std.
● Quellzeit:
  ca. 2 Std.
● ca. 800 kcal
  je Portion

120 g Vollkornreis

je 1 große grüne, rote und gelbe Paprikaschote •
etwas Meersalz

300 g grüne Bohnen • 1 dicke Zwiebel •
250 g Champignons

2 EL kaltgepresstes Olivenöl

$1/2$ TL Sambal Oelek • 1 TL Oregano •
1 TL Kräutersalz • 1–2 Knoblauchzehen

125 ml veg. Gemüsebrühe (Instant)

100 g Mozzarella • 100 g Edelpilzkäse, 60 % Fett i. Tr.

1. Den Reis in einen Topf geben, mit Wasser bedecken und etwa 2 Stunden quellen lassen. Ihn anschließend im geschlossenen Topf etwa 25 Minuten bei milder Hitze garen.

2. Inzwischen die Paprikaschoten waschen, der Länge nach halbieren, putzen, entkernen und in kochendem Salzwasser etwa 3 Minuten blanchieren. Herausnehmen und mit kaltem Wasser abschrecken.

3. Die Bohnen putzen, waschen und, falls nötig, abfädeln. Sie dann in $1/2$ cm kleine Scheibchen schneiden. Die Zwiebel schälen und fein hacken. Die Pilze abreiben, putzen und fein würfeln.

4. Das Öl in einer Pfanne erhitzen und Bohnen, Zwiebel sowie Pilze darin anbraten. Etwas Wasser angießen und alles etwa 10 Minuten zugedeckt bei schwacher Hitze dünsten. Den Backofen auf 200 °C (Umluft 170 °C, Gas Stufe 3) vorheizen.

5. Anschließend den Reis unter das Gemüse mischen. Alles mit Sambal Oelek, Oregano, Salz und Knoblauch würzen. Die Gemüsemischung in die Paprikahälften füllen und in eine Auflaufform setzen. Restliche Füllung in der Form verteilen und die Brühe angießen.

6. Den Käse in Scheiben schneiden. Drei Paprikahälften mit Mozzarella, drei mit Edelpilzkäse belegen. Im Ofen auf der mittleren Schiene etwa 12–15 Minuten überbacken.

Tipp

Wenn Sie vergessen haben, den Reis einzuweichen, garen Sie ihn einfach länger. Vollkornreis benötigt etwa 35 Minuten zum Weichwerden.

Überbackenes Lachsfilet

400 g Blattspinat • 1 Zwiebel • 1 Knoblauchzehe •
1 EL kaltgepresstes Olivenöl
1 TL veg. Gemüsebrühe (Instant) zum Würzen
500 g Tomaten
2 Lachsfilets (à 200 g) • 1 EL Zitronensaft •
1 TL Meersalz
100 ml Wasser • 100 ml süße Sahne • ¹/₂ TL Chilipulver • 1 TL Kräutersalz • 50 g geriebener Parmesan
einige Blättchen Basilikum

1. Den Spinat gründlich waschen, verlesen
und die harten Stiele abschneiden. Die Zwiebel und die Knoblauchzehe schälen und beides fein würfeln. Das Öl in einer Pfanne erhitzen und die Zwiebel- und Knoblauchwürfel
darin goldgelb dünsten.

2. Den Spinat hinzufügen, zusammenfallen
lassen und mit der Gemüsebrühe würzen.
Den Spinat in grobe Stücke schneiden und in
eine Auflaufform legen.

3. Den Backofen auf 200 °C (Umluft
170 °C, Gas Stufe 3) vorheizen. Die Tomaten
über Kreuz einritzen, mit kochendem Wasser
überbrühen, enthäuten und entkernen. Die
Stielansätze abschneiden und das Fruchtfleisch klein würfeln. Die Hälfte der Tomatenwürfel auf dem Spinat verteilen.

4. Die Lachsfilets mit Zitronensaft beträufeln und mit Meersalz würzen. Die Filets auf
das Gemüse legen. Alles mit den restlichen
Tomaten bedecken.

5. Das Wasser mit der Sahne mischen,
mit Chilipulver und Kräutersalz würzen.
Den geriebenen Parmesan unterrühren.
Die Sauce über den Fisch gießen.

6. Das Gratin im Ofen auf der mittleren
Schiene etwa 20 – 25 Minuten überbacken,
bis der Käse schön goldgelb ist. Mit den gewaschenen Basilikumblättchen bestreuen
und servieren.

Für 2 Personen
- Zubereitungszeit:
  ca. 45 Min.
- Backzeit:
  ca. 20 Min.
- ca. 670 kcal
  je Portion

Omelett mit Pilzsalat

und servieren.

---

400 g Champignons • Saft 1 Zitrone •
1 TL Meersalz
1–2 Knoblauchzehen • 4 $\frac{1}{2}$ EL kaltgepresstes
Olivenöl • 80 ml Wasser • $\frac{1}{4}$ TL Chilipulver •
4 EL geh. Petersilie
2–3 Frühlingszwiebeln • 1 rote Paprikaschote
4 Eier • 2 EL Sahne • 4 EL Mineralwasser

Eiweiß ✔

neutral

Kohlenhydr.

einfach ✔

vegetarisch ✔

schnell

vitaminreich ✔

fürs Büro

Für 2 Personen

● Zubereitungszeit:
  ca. 35 Min.
● Marinierzeit:
  ca. 2 Std.
● ca. 580 kcal
  je Portion

1. Die Pilze abreiben und putzen. In etwa $\frac{3}{4}$ l Wasser, der Hälfte des Zitronensafts und $\frac{1}{2}$ TL Meersalz etwa 5 Minuten sprudelnd kochen. Die abgekühlten Pilze in dünne Scheiben schneiden und auf einer Platte anrichten.

2. Für die Sauce den Knoblauch schälen und durchpressen. Ihn mit 3 EL Öl, restlichem Zitronensaft, Wasser, Salz und Chili verrühren. Die Pilze mit der Sauce übergießen, die Petersilie darüber streuen und alles etwa 2 Stunden marinieren lassen.

3. Zum Ende der Marinierzeit die Frühlingszwiebeln waschen, das Grün abschneiden und in Röllchen schneiden. 2 EL beiseite stellen. Das Weiß in feine Scheiben schneiden. Die Paprikaschote waschen, entkernen und fein würfeln.

4. Das Gemüse in 1 $\frac{1}{2}$ EL heißem Öl unter Rühren bissfest dünsten. Die Eier mit Salz, Sahne und dem Mineralwasser schaumig schlagen und über das Gemüse gießen. Das Omelett auf kleiner Flamme stocken lassen, wenden und fertig backen. Das Omelett halbieren und mit den Zwiebelröllchen auf 2 Tel-

Rührei mit Steinpilzen

2 mittelgroße Tomaten
250 g frische Steinpilze • 4 Eier • 4 EL Sahne •
etwas Meersalz • 2 EL geh. Petersilie •
1 Knoblauchzehe
2 EL Olivenöl

1. Die Tomaten über Kreuz einritzen, mit kochendem Wasser überbrühen, abschrecken und enthäuten. Die Tomaten vierteln, entkernen und die Stielansätze abschneiden. Das Fruchtfleisch anschließend würfeln.

2. Die Pilze sorgfältig mit Küchenkrepp abreiben, putzen und in Streifen schneiden. Die Eier mit der Sahne verrühren. Alles salzen, dann die Petersilie untermischen. Die Knoblauchzehe schälen und durch die Presse drücken.

3. Die Steinpilze in 1 EL Olivenöl einige Minuten anbraten. Die Tomaten und den Knoblauch dazugeben. Alles mit Salz würzen und warm stellen.

4. Inzwischen das restliche Öl in einer beschichteten Pfanne erhitzen. Die Eier hineingeben und mit einem Holzlöffel rühren bis sie stocken. Die Pilze und die Tomaten unter das Rührei mischen und sofort servieren.

Eiweiß ✔

neutral

Kohlenhydr.

einfach ✔

vegetarisch ✔

schnell ✔

vitaminreich

fürs Büro

Für 2 Personen

● Zubereitungszeit:
ca. 30 Min.
● ca. 390 kcal
je Portion

Zucchinigratin

Für 2 Personen
- Zubereitungszeit: ca. 25 Min.
- Backzeit: ca. 30 Min.
- ca. 420 kcal je Portion

500 g Tomaten
etwas Meersalz • $1/4$ TL Chilipulver • 1 TL getr. Oregano • 2 EL geh. Basilikum •
1–2 Knoblauchzehen • 5 EL Sahne
400 g Zucchini
2 hart gekochte Eier • 80 g geriebener Parmesan
einige frische Basilikumblättchen

1. Die Tomaten heiß überbrühen, enthäuten, entkernen und pürieren.

2. Das Püree mit Salz, Chili, Oregano und Basilikum würzen. Den Knoblauch schälen, dazupressen und Sahne untermischen. Den Backofen auf 200 °C (Umluft 170 °C, Gas Stufe 3) vorheizen.

3. Die Zucchini putzen, waschen und in 1 cm dicke Scheiben schneiden. Die Hälfte der Tomatensauce in eine Auflaufform füllen und mit der Hälfte der Zucchinischeiben belegen.

4. Die Eier pellen, in Scheiben schneiden und auf den Zucchinischeiben verteilen. Mit etwas Parmesan bestreuen. Darauf wieder Zucchini, Tomatensauce und Parmesan schichten.

5. Das Gratin mit Alufolie abdecken und im Ofen auf der mittleren Schiene etwa 25 Minuten backen. Dann die Folie entfernen und weitere 8 Minuten backen. Das Gratin mit den Basilikumblättchen garnieren.

Gefüllte Aubergine

Für 2 Personen
- Zubereitungszeit: ca. 30 Min.
- Backzeit: ca. 30 Min.
- ca. 700 kcal je Portion

2 kleine Auberginen • 4 EL kaltgepresstes Olivenöl
1 große Zwiebel • 2 Knoblauchzehen • 2 Tomaten
250 g Rinderhackfleisch • etwas Meersalz •
etwas Chili • 4 EL geh. Petersilie
80 g geriebener Parmesan

1. Die Auberginen putzen, waschen und der Länge nach halbieren. Die Auberginen mit der Schnittfläche nach unten in 2 EL heißem Öl etwa 5–7 Minuten braten. Sie abkühlen lassen und das Fruchtfleisch mit einem Löffel herausschaben.

2. In der Zwischenzeit die Zwiebel und den Knoblauch schälen und fein würfeln. Die Tomaten mit kochendem Wasser überbrühen, enthäuten, entkernen und würfeln. Den Backofen auf 200 °C (Umluft 170 °C, Gas Stufe 3) vorheizen.

3. Die Zwiebel und den Knoblauch in 2 EL Öl goldgelb dünsten. Das Hackfleisch hinzufügen und unter Rühren anbraten. Mit Salz, Chili und Petersilie würzen.

4. Die Tomaten mit dem Auberginen-Fruchtfleisch mischen, mit Salz und Chili würzen und in eine Auflaufform geben. Die Auberginenhälften darauf setzen und mit der Hackfleischmischung füllen.

5. Den Auflauf mit Parmesankäse bestreuen und im Ofen auf der mittleren Schiene in etwa 20 Minuten goldbraun backen.

Putenbrust mit Birnensauce

Eiweiß ✔

neutral

Kohlenhydr.

einfach ✔

vegetarisch

schnell

vitaminreich

fürs Büro

Für 2 Personen

- Zubereitungszeit: ca. 1 Std.
- ca. 640 kcal je Portion

400 g Putenbrust • 1–2 EL Sonnenblumenöl • etwas Meersalz • 10 EL Wasser
1 große Birne • 1 EL Butter
60 g Edelpilzkäse, 60 % Fett i. Tr. (z. B. Gorgonzola) • ½ TL Curry • 75 g Crème fraîche

1. Den Backofen auf 175 °C (Umluft 150 °C, Gas Stufe 2) vorheizen. Inzwischen die Putenbrust mit Öl bestreichen, salzen und in einer Fettpfanne im Ofen auf der mittleren Schiene etwa 1 Stunde garen. 4 EL Wasser leicht salzen und damit zwischen-durch die Putenbrust bestreichen.

2. Für die Sauce die Birne schälen, vierteln, das Kerngehäuse herausschneiden und in Würfel schneiden. In einer Pfanne die Butter zerlassen und die Birnenwürfel darin bei milder Hitze und unter Rühren vorsichtig dünsten.

3. Den Käse zerkrümeln und unter die Birnenwürfel rühren. Das restliche Wasser angießen und alles kurz aufkochen lassen. Die Sauce mit Salz und Curry würzen, dann die Crème fraîche unterrühren.

4. Zum Schluss die Putenbrust nach Belieben in Scheiben schneiden und mit der Birnensauce servieren.

Tipp

Zu der Putenbrust passt feines Lauchgemüse oder ein frischer Blattsalat.

Lammtopf al forno

300 g Lammfleisch • 1 Zwiebel • 1 Knoblauchzehe •
2 Zweige Rosmarin

1$^1\!/_2$ EL kaltgepresstes Olivenöl • 1 – 2 TL Rosen-
paprika • $^1\!/_2$ TL Cayennepfeffer • 1 TL Meersalz

200 g kleine Champignons • 4 kleine
Schalotten • 400 g Tomaten

300 ml veg. Gemüsebrühe (Instant)

5 EL Sahne

1. Das Lammfleisch in mundgerechte Würfel schneiden. Die Zwiebel und den Knoblauch schälen und beides grob würfeln.
Die Rosmarinzweige waschen, die Blättchen
abzupfen und diese zur Hälfte hacken.

2. Das Olivenöl in einem Topf erhitzen und
die Fleischwürfel darin anbraten. Die Zwiebel
zum Fleisch geben und mit Paprika, Pfeffer,
Salz sowie dem gehackten Rosmarin würzen.
Das Fleisch vom Herd nehmen.

3. Den Backofen auf 200 °C (Umluft
170 °C, Gas Stufe 3) vorheizen. Die Pilze mit
Küchenkrepp abreiben und putzen. Die Schalotten schälen und halbieren. Die Tomaten
über Kreuz einritzen, mit kochendem Wasser
überbrühen, enthäuten und entkernen. Die
Stielansätze abschneiden und das Fruchtfleisch würfeln.

4. Dann die angebratenen Fleischstücke in
eine feuerfeste Form geben, den Bratensatz
mit der Gemüsebrühe loskochen und über
das Fleisch gießen. Die ganzen Champignons, die Schalotten und die Tomaten hinzufügen und alles im Ofen auf der mittleren
Schiene etwa 45 Minuten garen.

5. Zum Schluss die Sahne unter den
Lammtopf rühren, nach Belieben mit Salz
und Pfeffer nachwürzen und mit Rosmarin-
blättchen garniert servieren.

Für 2 Personen
- Zubereitungszeit:
  ca. 30 Min.
- Backzeit:
  ca. 45 Min.
- ca. 560 kcal
  je Portion

Fischfondue

50 g Jacobsmuscheln (ausgelöst) • 150 g Lachsfilet •
150 g Seeteufelfilet • 150 g Schollenfilet •
4 geschälte Hummerkrabben

$^{1}/_{2}$ Bund Frühlingszwiebeln • 1 Fenchelknolle •
125 g Möhren • 100 g Austernpilze

$^{1}/_{2}$ Bund Dill • einige Scheiben einer
unbehandelten Zitrone

1 kg ungehärtetes Kokosfett

Für 2 Personen
● Vorbereitungszeit:
   ca. 30 Min.
● ca. 780 kcal
   je Portion

1. Die Muscheln und den Fisch waschen,
mit Küchenkrepp trockentupfen und in mundgerechte Stücke zerteilen. Die Hummerkrabben längs nicht zu tief einschneiden und den
dunklen Darm entfernen.

2. Die Frühlingszwiebeln und den Fenchel
putzen, die Möhren schälen. Das Gemüse
waschen und in mundgerechte Streifen
schneiden. Die Pilze mit Küchenkrepp abreiben, putzen und halbieren.

3. Die vorbereiteten Muschel-, Fisch- und
Gemüsestücke auf verschiedenen Platten
und in Schälchen dekorativ anordnen und mit
dem gewaschenen Dill und den Zitronenscheiben garnieren.

4. Das Kokosfett in den Fonduetopf füllen
und zunächst auf dem Herd erhitzen, bis es
geschmolzen ist. Dann den Topf vorsichtig
auf das Rechaud stellen. Die Fisch- und
Gemüsestücke in kleine Siebe geben und für
etwa 2–3 Minuten im heißen Fett fritieren.

Tipps

Erweitern können Sie die Gemüseplatte mit
Kirschtomaten, Brokkoliröschen, Zucchinischeiben
und Paprikaspalten.

   Ergänzen Sie das Fischfondue mit verschiedenen
Saucen, zum Beispiel mit der „Südländischen Ka-
pernsauce" (siehe S. 53) oder mit der „Roten Sauce
mit schwarzen Oliven" (siehe S. 54).

   Sehr erfrischend schmecken auch Joghurt-Sahne-
Saucen mit frischen Kräutern, Salz, Cayennepfeffer
und Zitronensaft.

Grillfisch mit Blumenkohl

1 Blumenkohl • etwas Meersalz
2 Heilbuttfilets (à 200 g) • 4 EL Zitronensaft •
etwas Kräutersalz
4 EL kaltgepresstes Olivenöl • 2 EL geh. Rosmarin •
1 TL getr. Oregano
80 ml Wasser • 3 EL kleine Kapern •
6 Zitronenachtel • $^1/_2$ kleiner Bund Petersilie

1. Für den Salat den Blumenkohl waschen, putzen und in kleine Röschen teilen. Ihn dann in reichlich leicht gesalzenem Wasser in etwa 12–15 Minuten bissfest garen. Den Blumenkohl aus dem Wasser nehmen und abkühlen lassen.

2. In der Zwischenzeit den Fisch mit kaltem Wasser abspülen und trockentupfen. Ihn anschließend mit 2 EL Zitronensaft beträufeln und leicht salzen.

3. Danach 2 große Rechtecke Alufolie gleichmäßig mit 2 EL Öl bestreichen, die Kräuter darüber streuen und den Fisch auf die Folie legen. Den Fisch von beiden Seiten etwa 6–8 Minuten grillen.

4. Inzwischen für die Sauce 2 EL Öl mit Wasser, 2 EL Zitronensaft, Salz und Kapern verrühren. Die gegrillten Fischstücke auf eine Platte geben und mit den Blumenkohlröschen anrichten.

5. Die Sauce über den Fisch und den Blumenkohl gießen. Alles mit den Zitronenachteln und der gewaschenen, abgezupften Petersilie garnieren.

Eiweiß ✔

neutral

Kohlenhydr.

einfach ✔

vegetarisch

schnell ✔

vitaminreich

fürs Büro

Für 2 Personen

● Zubereitungszeit:
ca. 35 Min.
● ca. 600 kcal
je Portion

Marinierte Ofenpaprika

Eiweiß

neutral ✔

Kohlenhydr.

einfach ✔

vegetarisch ✔

schnell

vitaminreich ✔

fürs Büro

Für 2 Personen

- Zubereitungszeit: ca. 20 Min.
- Marinierzeit: ca. 30 Min.
- ca. 480 kcal je Portion

1 gelbe Paprikaschote • 2 rote Paprikaschoten
1–2 Knoblauchzehen • 1 kleiner Zweig Rosmarin •
1 EL Oreganoblättchen • ½ Bund glattblättrige
Petersilie
8 EL kaltgepresstes Olivenöl • 4 EL Wasser • etwas
Meersalz • ¼ TL getr. Chili

1. Den Backofen auf 150 °C (Umluft 125 °C, Gas Stufe 1) vorheizen. Die Paprikaschoten waschen, trockentupfen und im Ofen etwa 12–15 Minuten rösten. Sie anschließend herausnehmen, abkühlen lassen und enthäuten. Die Schoten dann halbieren, putzen, entkernen und in ½ cm breite Streifen schneiden. Auf einer Platte anrichten.

2. Die Knoblauchzehen schälen und durch eine Presse drücken. Den Rosmarin, den Oregano sowie die Petersilie waschen, trockenschütteln und sehr fein hacken.

3. Für die Marinade das Öl mit Wasser, Salz, Chili und den gehackten Kräutern verrühren und über die Paprikastreifen gießen. Vor dem Servieren etwa 30 Minuten ziehen lassen.

Tipp

Servieren Sie die marinierte Ofenpaprika mit Vollkornbaguette. Dann haben Sie eine kleine Kohlenhydratmahlzeit.

Gedünstete Endivien

Eiweiß

neutral ✔

Kohlenhydr.

einfach ✔

vegetarisch ✔

schnell ✔

vitaminreich

fürs Büro

Für 2 Personen

- Zubereitungszeit: ca. 20 Min.
- ca. 360 kcal je Portion

1 Kopf Endiviensalat • 1 Zwiebel •
2–3 Knoblauchzehen
3 EL kaltgepresstes Olivenöl
etwas Meersalz • 1 TL getr. Oregano
12 schwarze Oliven

1. Den Salat sorgfältig putzen und waschen. Große Blätter etwas zerkleinern. Die Zwiebel und die Knoblauchzehen schälen und fein hacken.

2. In einer Pfanne Öl erhitzen. Zwiebel und Knoblauch darin etwa 2 Minuten dünsten. Den Endiviensalat hinzufügen und unter häufigem Schwenken andünsten.

3. Alles leicht salzen, mit dem Oregano würzen und die Oliven dazugeben. Das Gemüse bei mäßiger Hitze im geschlossenen Topf etwa 5 Minuten garen und sofort heiß servieren.

Endivien

Man unterscheidet glatte und krause Endivien. Die letzteren werden auch als Frisée bezeichnet. Die glatte Endivie besitzt lange, gewellte und leicht bitter schmeckende Blätter. Sie wird meist als Salat zubereitet, kann aber auch gegart gegessen werden.

Eiweiß

neutral ✔

Kohlenhydr.

einfach ✔

vegetarisch ✔

schnell ✔

vitaminreich

fürs Büro ✔

Spinat Alfredo

Für 2 Personen

- Zubereitungszeit:
  ca. 20 Min.
- ca. 390 kcal
  je Portion

3 EL ungeschwefelte Rosinen •
400 g frischer Blattspinat • 1 kleine Zwiebel

1 EL Butter

25 g Pinienkerne • etwas Meersalz • etwas frisch
geriebene Muskatnuss

3 EL Sahne

1. Die Rosinen in lauwarmem Wasser
einweichen. Den Spinat sorgfältig verlesen,
putzen, waschen und grob hacken. Die
Zwiebel schälen und sehr fein würfeln.

2. Die Butter in einem Topf zerlassen und
die Zwiebelwürfel darin unter Rühren glasig
dünsten. Den Spinat hinzufügen und zusammenfallen lassen.

3. Inzwischen die Pinienkerne in einer
Pfanne ohne Fettzugabe goldbraun rösten.
Die Rosinen abtropfen lassen und zusammen
mit den Pinienkernen zum Spinat geben.
Mit Salz und Muskatnuss abschmecken.

4. Den Spinat zum Schluss mit der Sahne
verfeinern. Alles gut miteinander verrühren
und bei milder Hitze weitere 5 Minuten
dünsten.

Tipp

Sie können den Spinat warm oder kalt servieren.
In beiden Varianten schmeckt er gut zu Fisch oder
Fleisch, aber auch zu einem einfachen Butterbrot.

Brokkoli in Weinsauce

500 g Brokkoli • 1 Knoblauchzehe
$1^{1}/_{2}$ EL kaltgepresstes Olivenöl • etwas Meersalz •
$^{1}/_{8}$ l trockener Weißwein
100 ml Sahne • 2 Eigelb • 3 EL Mandelblättchen

1. Den Brokkoli waschen, putzen und in kleine Röschen teilen. Die übrig gebliebenen Stiele schälen und in Stifte schneiden. Die Knoblauchzehe schälen und fein würfeln.

2. Das Öl in einem Topf erhitzen und den Knoblauch darin goldgelb dünsten, nicht bräunen. Den Brokkoli hinzufügen, salzen und unter Rühren anbraten. Mit dem Wein ablöschen und alles zugedeckt etwa 15 Minuten bei geringer Hitze köcheln lassen.

3. Dann den Brokkoli herausnehmen und warm stellen. Die Sahne mit den Eigelben verquirlen, unter den Sud rühren und mit Salz abschmecken. Die Sauce über den Brokkoli gießen und mit den Mandelblättchen bestreut servieren.

Tipps

Statt des Weißweins können Sie auch Wasser verwenden. Dann zählt dieses Gericht zur neutralen Kost und kann mit Reis oder Kartoffeln kombiniert werden.

Die Mandeln schmecken noch kerniger, wenn Sie sie vorher in einer trockenen Pfanne leicht rösten.

Eiweiß ✔
neutral
Kohlenhydr.
einfach ✔
vegetarisch ✔
schnell
vitaminreich ✔
fürs Büro

Für 2 Personen
● Zubereitungszeit:
  ca. 30 Min.
● ca. 560 kcal
  je Portion

Grüner Salat

Eiweiß

neutral ✔

Kohlenhydr.

einfach ✔

vegetarisch ✔

schnell ✔

vitaminreich

fürs Büro

Für 2 Personen

● Zubereitungszeit:
ca. 15 Min.
● ca. 130 kcal
je Portion

1 Kopfsalat
1 kleine Zwiebel • 3 EL geh. Kräuter (Kerbel, Petersilie, Schnittlauch) • 100 ml Wasser • 2 EL Sonnenblumenöl • 2 EL Obstessig • ½ TL Kräutersalz

1. Den Kopfsalat putzen, waschen und trockenschütteln. Ihn dann in mundgerechte Stücke zupfen.
2. Die Zwiebel schälen und fein hacken. Aus Kräutern, Wasser, Öl, Essig und Salz eine Sauce rühren.
3. Die Sauce über den Salat gießen und alles sorgfältig miteinander vermischen. Vor dem Servieren kurze Zeit ziehen lassen.

Kopfsalat

Grüner Salat schmeckt am besten, wenn er im Sommer als Freilandsalat geerntet wird. Dann hat er auch die niedrigsten Nitratgehalte, was günstig ist, da zu viel Nitrat im Essen die Bildung von krebserregenden Stoffen fördern kann. Der Treibhausanbau im Winter erhöht dagegen die Nitratgehalte bei vielen Salatsorten. Geifen Sie deshalb häufiger zu den so genannten Wintersalaten. Diese sind in vielen Geschäften während der kalten Jahreszeit als importierte Freilandware erhältlich.

Gute und zudem schmackhafte Wintersalate sind Römersalat, Radicco, Endivie, Bataviasalat, Chicorée und Chinakohl.

Paprikasalat

Eiweiß

neutral ✔

Kohlenhydr.

einfach ✔

vegetarisch ✔

schnell ✔

vitaminreich ✔

fürs Büro ✔

Für 2 Personen

● Zubereitungszeit:
ca. 20 Min.
● ca. 170 kcal
je Portion

je 1 rote, gelbe und grüne Paprikaschote •
1 kleine Gemüsezwiebel
125 g aufgetaute TK-Maiskörner
1½ EL Obstessig • 150 ml Wasser •
1 EL kaltgepresstes Olivenöl • ½ TL Kräutersalz •
6 geh. Basilikumblättchen •
3 Zweige glattblättrige Petersilie

1. Die Paprikaschoten waschen, halbieren, putzen, entkernen und in schmale Spalten schneiden. Die Gemüsezwiebel schälen, in dünne Ringe schneiden und kurz in kochendem Wasser blanchieren.

2. Anschließend die Paprikaspalten zusammen mit den Zwiebelringen und den Maiskörnern in einer Schüssel mischen.
3. Für die Sauce den Essig mit Wasser und Öl verrühren, mit Kräutersalz würzen, dann das Basilikum hineingeben. Die Sauce über den Salat gießen, alles mischen und mit der gewaschenen, abgezupften Petersilie garnieren.

Tomatensalat

4 Tomaten • 2 Frühlingszwiebeln
2 EL Olivenöl • 1 EL Wasser • Meersalz •
2 EL geh. Basilikum

1. Die Tomaten waschen, die Stielansätze herausschneiden und die Früchte in dünne Scheiben schneiden. Die Frühlingszwiebeln putzen, waschen und in feine Ringe schneiden. Zu den Tomaten geben.

2. Für die Sauce Öl, Wasser, Salz und 1 EL Basilikum verrühren. Die Sauce über den Salat gießen und alles etwa 10 Minuten durchziehen lassen.

3. Kurz vor dem Servieren den Salat vorsichtig mischen und mit dem restlichen Basilikum bestreuen.

Tomaten

Nutzen Sie das große Angebot an wohlschmeckenden Tomaten, denn sie bringen nicht nur Farbe auf den Tisch, sondern sie versorgen uns – wie andere Gemüsesorten auch – mit Vitaminen, Mineralstoffen und den so genannten sekundären Pflanzenstoffen.

Sekundäre Pflanzenstoffe werden seit einiger Zeit intensiv erforscht. Einige Studien haben ergeben, dass diese Substanzen gesundheitsfördernd wirken. Tomaten zum Beispiel enthalten besonders viel Lykopin, eine Substanz aus der großen Gruppe der Carotinoide. Es konnte nachgewiesen werden, dass eine gute Lykopin-Versorgung mit einem geringeren Risiko einhergeht, an bestimmten Krebsarten zu erkranken.

Eiweiß

neutral ✔

Kohlenhydr.

einfach ✔

vegetarisch ✔

schnell ✔

vitaminreich

fürs Büro ✔

Für 2 Personen
● Zubereitungszeit: ca. 20 Min.
● ca. 140 kcal je Portion

Südländische Kapernsauce

4 EL eingelegte Kapern •
4 EL Einlegwasser •
1 EL kaltgepresstes Olivenöl •
1¹/₂ EL Zitronensaft •
2 EL Wasser
2 dünne Zitronenscheiben

1. Die Kapern mit dem Einlegwasser, Olivenöl und Zitronensaft gut verrühren. Nach Belieben mit dem Wasser verdünnen.

2. Zum Schluss die Sauce mit den Zitronenscheiben garnieren und servieren.

Kapern

Die Blütenknospen des Kapernstrauchs gelangen in Essig, Salzlake oder Wein eingelegt in den Handel. Je kleiner sie sind, um so delikater und ausgeprägter ist ihr Aroma. Ihr säuerlicher Geschmack passt sehr gut zu Fisch, kalten Saucen und Salaten.

Kapern dürfen nicht gekocht werden, da sie sonst ihr feines Aroma verlieren würden. In der deutschen Küche kennt man Kapern als wichtige Zutat in Frikassees oder bei Königsberger Klopsen.

Eiweiß ✔
neutral
Kohlenhydr.
einfach ✔
vegetarisch ✔
schnell ✔
vitaminreich
fürs Büro

Für 2 Personen
- Zubereitungszeit:
  ca. 5 Min.
- ca. 150 kcal
  je Portion

Rote Sauce
mit schwarzen Oliven

Eiweiß

neutral ✔

Kohlenhydr.

einfach ✔

vegetarisch ✔

schnell

vitaminreich

fürs Büro

Für 2 Personen

● Zubereitungszeit:
ca. 30 Min.

● ca. 400 kcal
je Portion

400 g Flaschentomaten
1 Knoblauchzehe • ½ Bund Basilikum •
15 schwarze Oliven (entsteint)
2 EL kaltgepresstes Olivenöl •
etwas Meersalz
¼ TL Chilipulver •
2 EL Mascarpone (italienischer Frischkäse)

1. Die Tomaten über Kreuz einritzen, mit kochendem Wasser überbrühen, abschrecken und enthäuten. Die Tomaten vierteln, entkernen und die Stielansätze abschneiden. Das Fruchtfleisch würfeln.

2. Die Knoblauchzehe schälen und durch eine Presse drücken. Das Basilikum waschen, die Blättchen abzupfen und sehr fein hacken. Die entsteinten Oliven in Scheiben schneiden.

3. Alle Zutaten mit dem Olivenöl mischen. Die Sauce mit Salz sowie Chili würzen und mit Mascarpone verfeinern. Nach Belieben kann die Sauce mit dem Pürierstab fein gemixt werden. Dann aber die Oliven erst nach dem Pürieren zu der Sauce geben.

Tipp

Diese Sauce schmeckt ausgezeichnet zu Fleisch- oder Fischgerichten, aber auch zu Nudeln oder Reis.

Mascarpone

Dieser ursprünglich aus Mailand stammende Doppelrahm-Frischkäse schmeckt sahnig mild. Er kann Schlagsahne ersetzen und wird nicht nur für Tiramisù und andere Süßspeisen eingesetzt. Die Italiener verwenden ihn auch gern in pikanten Gerichten aller Art.

Käsesauce mit Basilikum

2 EL Pinienkerne • 1 kleiner Bund Basilikum •
1 – 2 Knoblauchzehen
4 EL kaltgepresstes Olivenöl •
etwas Meersalz •
60 g Edelpilzkäse, 60 % Fett i. Tr. (z. B. Gorgonzola)
3 EL heißes Wasser •
1 – 2 Zweige glattblättrige Petersilie

1. Die Pinienkerne ohne Fett in einer Pfanne goldbraun rösten. Herausnehmen und beiseite stellen. Das Basilikum waschen, trockenschütteln und die Blättchen abzupfen. Den Knoblauch schälen und grob hacken.

2. Pinienkerne, Basilikum und Knoblauch in einen Mörser geben und zerstoßen. Langsam Olivenöl, Salz und Käse darunter mischen und so lange im Mörser zerstoßen bis eine cremige Paste entsteht.

3. Nach Belieben 3 EL heißes Wasser dazugeben und mit der Käsesauce gut verrühren. Mit der gewaschenen, abgezupften Petersilie garnieren.

Tipps

Diese Sauce schmeckt sehr gut zu Nudeln oder Kartoffeln. Sie kann aber auch als Salatdressing verwendet werden.

Wenn Sie keinen Mörser haben, können Sie die Sauce auch mit dem Pürierstab cremig rühren.

Eiweiß

neutral ✔

Kohlenhydr.

einfach ✔

vegetarisch ✔

schnell ✔

vitaminreich

fürs Büro

Für 2 Personen
● Zubereitungszeit:
  ca. 20 Min.
● ca. 440 kcal
  je Portion

Gefüllte Buttermilchcrêpes

Für 2 Personen

● Zubereitungszeit:
  ca. 30 Min.
● ca. 590 kcal
  je Portion

150 ml Buttermilch • 50 ml Sahne •
100 ml Wasser • 2 Eigelb • 3 EL Sonnenblumenöl •
1 TL abgeriebene Schale einer unbehandelten
Zitrone • 100 g feines Dinkelvollkornmehl •
etwas Meersalz

2 große mürbe Äpfel • 2 EL Butter

6 EL Calvados

3 EL Ahornsirup • 3 EL Pinienkerne oder
geh. Mandeln • 8 EL geschlagene Sahne

1. Die Buttermilch mit Sahne, Wasser, den Eigelben, 1 EL Öl und Zitronenschale verrühren. Nach und nach das Mehl unterrühren, bis ein dünner Teig entsteht. Eine Prise Salz zum Teig geben und ihn etwa 10 Minuten quellen lassen.

2. In der Zwischenzeit die Äpfel schälen, halbieren und das Kerngehäuse heraus-schneiden. Die Apfelhälften in dünne Schei-ben schneiden. Die Butter in einer großen Pfanne zerlassen und die Apfelscheiben darin bei milder Hitze dünsten.

3. Anschließend 3 EL Calvados angießen und alles weiter garen, bis der Alkohol ver-dampft ist. Die Pfanne mit den Äpfeln vom Herd nehmen und beiseite stellen.

4. Eine beschichtete Pfanne (20 cm Ø) mit wenig Öl ausfetten und erhitzen. 3 EL Teig hineingeben und durch sanftes Schwenken der Pfanne gleichmäßig verteilen. Den Crêpe bei mittlerer Hitze $\frac{1}{2}$ –1 Mi-nute backen, wenden, weitere 1–2 Minuten backen und dann warm stellen. Insgesamt 8 Crêpes backen. Den Backofen auf 160 °C (Umluft 130 °C, Gas Stufe 1–2) vorheizen.

5. Jeweils 2 halbe Apfelscheiben auf die Hälfte eines Crêpes legen, zusammenschla-gen, den halben Crêpe nochmals zusammen-schlagen und in eine Auflaufform legen. Die restlichen Crêpes ebenso füllen.

6. Alles mit Ahornsirup und dem restlichen Calvados beträufeln und mit den Pinienker-nen bestreuen. Im Ofen auf der mittleren Schiene etwa 8 Minuten backen. Vor dem Servieren mit der Sahne verzieren.

Eiweiß

neutral

Kohlenhydr. ✔

einfach ✔

vegetarisch ✔

schnell

vitaminreich ✔

fürs Büro

Gefüllte Feigen

Für 2 Personen

- Zubereitungszeit:
  ca. 30 Min.
- ca. 370 kcal
  je Portion

6 frische Feigen

30 abgezogene Mandeln • 2 TL Butter

5 EL Sahne • 2 EL Honig

6 Minzeblättchen

1. Die Feigen sorgfältig waschen. Sie dann über das spitze Ende über Kreuz halb aufschneiden und leicht auseinander drücken.

2. Zum Garnieren 6 Mandeln beiseite legen. Die restlichen Mandeln für die Füllung mit dem Messer oder in der Küchenmaschine in sehr kleine Stücke hacken. Die Butter in einer kleinen Pfanne zerlassen und die Mandeln darin kurz rösten. Den Backofen auf 220 °C (Umluft 180 °C, Gas Stufe 4) vorheizen.

3. Die Sahne und den Honig zu den Mandeln geben und alles unter Rühren aufkochen. Mit einem Teelöffel die Mandelmischung in die Feigen füllen und mit jeweils einem Mandelkern dekorieren.

4. Die Feigen in eine gebutterte Form setzen und im Ofen auf der mittleren Schiene etwa 10 Minuten backen. Mit den gewaschenen Minzeblättchen garnieren und noch warm servieren.

Tipp

Sie sparen sich viel Arbeit, wenn Sie statt der ganzen Mandeln gehackte kaufen. Zum Dekorieren benötigen Sie allerdings ganze Mandelkerne.

Sahniger Hirsebrei mit Feigen

300 ml Wasser • 50 ml Sahne • ¹/₂ TL Meersalz •
1¹/₂ EL Honig • 80 g gemahlene Hirse
4 frische Feigen • 4 EL geschlagene Sahne
2 EL Ahornsirup • 2 TL gehackte Mandeln

1. In einem Topf das Wasser mit der Sahne verrühren. Salz, Honig und Hirse hinzufügen und alles unter Rühren zum Kochen bringen.

2. Das Ganze kurz aufwallen lassen, anschließend den Topf vom Herd nehmen und die Hirse 5–10 Minuten ausquellen lassen.

3. Inzwischen die Feigen schälen und in Scheiben schneiden. Die geschlagene Sahne unter die leicht abgekühlte Hirse heben und den Brei mit Feigenscheiben garnieren.

4. Zum Schluss den Hirsebrei mit dem Ahornsirup beträufeln und mit den gehackten Mandeln garnieren.

Hirse

Hirse ist ein Getreidegras, das der Bevölkerung in weiten Teilen der Welt als Grundnahrungsmittel dient. Sie ist reich an Mineralstoffen und hat einen mild würzigen Geschmack.

Sowohl süß als auch salzig zubereitet kann sie andere Getreidearten in vielen Rezepturen ersetzen. So kennt man Hirsotto ebenso wie Hirsepilaw.

Für 2 Personen
● Zubereitungszeit:
  ca. 20 Min.
● ca. 470 kcal
  je Portion

Cremiges Mandarineneis

Für 2 Personen
- Zubereitungszeit: ca. 15 Min.
- Gefrierzeit: ca. 2–3 Std.
- ca. 350 kcal je Portion

2 Blatt weiße Gelatine • 100 g Mascarpone (italienischer Frischkäse) • 4 EL Ahornsirup • 250 ml frisch gepresster Mandarinensaft • 1 TL abgeriebene Schale einer unbehandelten Orange • 1 TL Zitronensaft
6 Mandarinenfilets • einige Minzeblättchen

1. Die Gelatine für etwa 5 Minuten in kaltem Wasser einweichen. Den Mascarpone mit dem Ahornsirup cremig verrühren. Dann den Mandarinensaft, die Orangenschale und den Zitronensaft langsam unterrühren.

2. Die Gelatine gut ausdrücken und bei geringer Hitze in einem kleinen Topf auflösen. Anschließend langsam unter die Mandarinencreme ziehen.

3. Die Masse in eine Metallschüssel füllen und diese für 2–3 Stunden ins Tiefkühlfach stellen. Nach etwa 20 Minuten herausnehmen, die Eiskristalle unterrühren und zurück ins Tiefkühlfach stellen. Die Eismasse alle 20 Minuten umrühren, bis sie cremig gefroren ist.

4. Das Eis in zwei Glasschalen füllen und nach Belieben mit den Mandarinenfilets und den Minzeblättchen garnieren.

Mango-Sahne-Eis

Für 2 Personen
- Zubereitungszeit: ca. 15 Min.
- Gefrierzeit: ca. 2 Std.
- ca. 260 kcal je Portion

1 Mango
100 ml Sahne • 1 EL Ahornsirup
einige frische Minzeblättchen

1. Die Mango schälen, 4 schöne dünne Scheiben abschneiden und zur Seite legen. Das restliche Mangofleisch vom Kern lösen, würfeln und mit dem Pürierstab fein mixen.

2. Die Sahne steif schlagen und unter das Mangopüree heben. Mit Sirup süßen. Die Mangocreme in eine Metallschüssel geben und im Gefrierfach etwa 2 Stunden anfrosten lassen. Zwischendurch immer wieder umrühren, damit sich keine Kristalle bilden.

3. Das Eis in 2 Dessertschalen füllen und die Mangoscheiben fächerförmig darauf anrichten. Mit den gewaschenen Minzeblättchen garnieren.

Tipp

Wenn Sie regelmäßig Eis selber herstellen, lohnt sich die Anschaffung einer Eismaschine. Sie ersparen sich das zwischenzeitliche Rühren und das Eis wird in der Maschine noch cremiger.

Alphabetisches Rezeptverzeichnis

Rezeptverzeichnis nach Rubriken

Impressum

Im FALKEN Verlag sind zahlreiche Titel zum Thema „Trennkost" erschienen.
Sie sind überall erhältlich, wo es Bücher gibt.

Sie finden uns im Internet: **www.falken.de**

Allen Leserinnen und Lesern, die mehr über die Trennkost erfahren wollen,
gibt die Autorin dieses Buches gerne Auskunft. Die Adresse lautet:
Ursula Summ
Postfach Buzon Nr.: 356
Calle Patricio Ferrandiz 40
03700 Denia/Alicante
Fax: 00 34 / 96 / 5 78 47 15
E-Mail: trennkost.summ@teleline.es

Weitere Informationen zu Trennkost finden Sie auch unter: www.trennkost.de

Dieses Buch wurde auf chlorfrei gebleichtem und säurefreiem Papier gedruckt.

Der Text dieses Buches entspricht den Regeln der neuen deutschen Rechtschreibung.

ISBN 3 8068 2591 2

© 2000 by FALKEN Verlag, 65527 Niedernhausen/Ts.
Umschlaggestaltung: Martina Eisele, München
Gestaltung: red.sign, Stuttgart
Lektorat: Sabine Lemb
Redaktion: Birgit Hinsch
Herstellung: Harald Kraft
Titelbild: Klaus Arras, Köln
Weitere Fotos auf dem Umschlag: Umschlag hinten: Dr. Gerhard Kebbel, Frankfurt. Das Bild auf der Umschlaginnenseite vorne, unten wurde dem FALKEN Verlag freundlicher Weise von dem Fotografen zu Verfügung gestellt; oben: Dr. Gerhard Kebbel, Frankfurt. FALKEN Archiv: Umschlagklappe hinten, innen, li. o., li. M., li. u., re. o., re. M., re. u. (W. Feiler); Umschlagklappe hinten, außen, li., re. (TLC)
Rezeptfotos: TLC Foto-Studio GmbH, Velen-Ramsdorf
Weitere Fotos im Innenteil: S. 8/9: TLC Foto-Studio GmbH. FALKEN Archiv: S. 1 oben, 4, 6 (W. Feiler), 8 oben (R. Schmitz), S. 1 unten, 5, 8 unten, 9 (TLC)

Satz: Lithotronic GmbH, Frankfurt am Main
Druck: Druckhaus Cramer, Greven

817 2635 4453 6271